Arbeitsrecht in Schweden

Deutsch-Schwedische Handelskammer *Hrsg.*
Eva Häußling

Arbeitsrecht in Schweden

Praxisleitfaden für Arbeitgeber und Personalverantwortliche in der nordeuropäischen Konsenskultur

Springer Gabler

Deutsch-Schwedische Handelskammer *Hrsg.*
Eva Häußling
Stockholm, Schweden

ISBN 978-3-658-10204-3 ISBN 978-3-658-10205-0 (eBook)
DOI 10.1007/978-3-658-10205-0

Die Deutsche Nationalbibliothek verzeichnet diese Publikation in der Deutschen Nationalbibliografie; detaillierte bibliografische Daten sind im Internet über http://dnb.d-nb.de abrufbar.

Springer Gabler

Gedruckt auf säurefreiem und chlorfrei gebleichtem Papier.

Springer Fachmedien Wiesbaden GmbH ist Teil der Fachverlagsgruppe Springer Science+Business Media (www.springer.com)

Vorwort

Seit vielen Jahren arbeite ich als deutsche Juristin der Deutsch-Schwedischen Handelskammer mit Schwerpunkt Arbeitsrecht in Schweden. Während dieser Zeit hatte ich es immer wieder mit Fällen zu tun, deren Ursachen in den rechtlichen, aber auch kulturellen Unterschieden zwischen beiden Ländern zu suchen sind.

So reifte der Gedanke, einen Ratgeber herauszugeben, der dabei hilft, derartige Streitfälle erst gar nicht aufkommen zu lassen. In diesem Buch möchte ich Sie an meinem reichen Erfahrungsschatz teilhaben lassen und Ihnen den einen oder anderen hilfreichen Hinweis für die arbeitsrechtliche Realität in Schweden geben.

Dabei werden vor allem die Unterschiede zwischen dem deutschen und schwedischen Arbeitsrecht hervorgehoben und auf die Bereiche aufmerksam gemacht, in denen besondere Vorsicht geboten ist und die Einholung weiterer Expertise angebracht sein kann.

Die Einteilung der Themenbereiche in verschiedene Kapitel ermöglicht ohne Weiteres auch die Lektüre und das Verstehen einzelner Kapitel, ohne dass das gesamte Buch gelesen werden muss.

Das einleitende Kapitel „Ähnlich und doch so anders – was Sie über das schwedische Arbeitsrecht wissen sollten" lege ich jedem Leser besonders warm ans Herz, denn nur wer Einblick in die kulturellen Unterschiede zwischen Schweden und Deutschland hat, wird das schwedische Arbeitsrecht verstehen und damit arbeiten können.

Stockholm, im Frühsommer 2015 — Dr. Eva Maria Katharina Häußling

Ähnlich und doch so anders – was Sie über das schwedische Arbeitsrecht wissen sollten

In Schweden gibt es, genauso wie in Deutschland, ein Betriebliches Mitbestimmungsgesetz, Kündigungsschutzgesetz, ein Urlaubsgesetz und ein Arbeitszeitgesetz. So weit, so ähnlich. Doch in Schweden gibt es zum Beispiel keine Betriebsräte, nur ein einziges Arbeitsgericht und wenige Kündigungsschutzklagen. Hier ist der Nachbar im Norden also ganz anders.

Aufgrund der geographischen Nähe sowie der engen historischen und wirtschaftlichen Verflechtungen werden die kulturellen Unterschiede zwischen Schweden und Deutschland oft unterschätzt. Gleichzeitig aber können sie leicht zu Missverständnissen und Problemen führen, vor allem in Fragen des Arbeitsrechts. Daher ist es hilfreich, diese Unterschiede zu kennen, um Missverständnisse oder sogar arbeitsgerichtliche Streitigkeiten zu vermeiden.

Schweden gilt im internationalen Vergleich als Konsensgesellschaft. Entscheidungen werden in der Regel nicht an der Spitze getroffen und nach unten „durchgereicht". Von Anfang an versucht man, möglichst viele am gesamten Entscheidungsprozess zu beteiligen. Das führt zu zahlreichen, gerne informellen, Gesprächen, denn viele Meinungen sollen gehört werden. So will man sicherstellen, dass letztendlich alle hinter der getroffenen Entscheidung stehen. Deutsche hingegen empfinden diesen Entscheidungsprozess als unnötig langwierig.

Auch hat im Unterschied zu Deutschland in Schweden der einzelne Sachbearbeiter grundsätzlich die Freiheit, seinen Sachbereich eigenständig zu bearbeiten und die relevanten Entscheidungen selbst zu treffen. Der schwedische Vorgesetzte erwartet von seinen Mitarbeitern eine gewisse Selbständigkeit, aber auch Loyalität. Detaillierte schriftliche Arbeitsbeschreibungen sind eher selten. Das Arbeitsverhältnis baut auf Vertrauen.

Daher ist auch das deutsche Motto „Vertrauen ist gut, Kontrolle ist besser" in Schweden fehl am Platz. Das Kontrollbedürfnis eines deutschen Arbeitgebers oder Mutterkonzerns ist den betroffenen Schweden fremd. Sie interpretieren diese Kontrolle daher häufig als Misstrauen von Seiten des deutschen Vorgesetzten.

Als typische Mitglieder einer Konsensgesellschaft strebt man in Schweden zudem danach, Konflikte zu vermeiden. Dies gilt auch für das Arbeitsrecht. So versuchen Arbeitgeber- und Arbeitnehmerseite in der Regel zunächst immer, ein Problem im gegenseitigen Einvernehmen zu lösen. Dabei sind sie auch zu weitgehenden Kompromissen bereit. So stellen sich beispielsweise die schwedischen Gewerkschaften bei Betriebsänderungen in der Regel nicht gegen betriebsbedingte Kündigungen, sondern akzeptieren sie als Notwendigkeit, um den Fortbestand des Unternehmens zu sichern. Viele arbeitsrechtliche Fragen werden daher im institutionalisierten Verhandlungsweg gelöst; zu Gerichtsverfahren kommt es ausgesprochen selten.

Dieses Vorgehen führt dazu, dass es auf eine arbeitsrechtliche Frage häufig keine eindeutige und konkrete Antwort gibt. Vielmehr wird davon ausgegangen, dass die Parteien die Frage im gegenseitigen Einvernehmen lösen. Tun sie es – wider Erwarten – nicht, ist es letztlich dem Arbeitgeber aufgrund seines Weisungsrechts *(rätten att leda och fördela arbeitet – das Recht die Arbeit zu leiten und zu verteilen)* überlassen, eine Entscheidung zu treffen.

Ziel dieses Praxishandbuchs ist es, einen umfassenden Überblick über wichtige Fragen des schwedischen Arbeitsrechts zu geben. Es soll dazu beitragen, Verständnis für die unterschiedlichen arbeitsrechtlichen Kulturen beider Länder zu schaffen. Denn ein Arbeitgeber, der sich auf die Besonderheiten der schwedischen Arbeitsrechtskultur einlässt, gewinnt nicht nur das Vertrauen seiner Mitarbeiter. Er vermeidet auch arbeitsrechtliche Streitigkeiten, indem er sie gar nicht erst aufkommen lässt.[1]

[1] Hinweise: 1. Öffentlich-rechtliche Arbeitsverhältnisse werden im Rahmen dieses Praxisleitfadens nicht berücksichtigt. 2. Geldbeträge werden in EURO angegeben. Bei der Umrechnung von SEK in EURO wurde davon ausgegangen, dass 1 EURO im April 2015 9,50 SEK entspricht. 3. Die in den Fußnoten genannten Links zu Webseiten wurden im April 2015 auf ihre Aktualität hin überprüft.

Inhaltsverzeichnis

Quellen des schwedischen Arbeitsrechts 1

Das schwedische Arbeitsrecht beschäftigt sich – so wie auch das deutsche Arbeitsrecht – mit dem Anstellungsverhältnis und damit mit den rechtlichen Regelungen des Verhältnisses von Arbeitgeber und Arbeitnehmer. Es setzt sich aus einem Geflecht von nationalen, internationalen, kollektiven und einzelvertraglichen Regelungen zusammen.

Die wichtigste Rechtsquelle für das Arbeitsrecht sind die Gesetze. In Schweden werden zur Auslegung von Gesetzen häufig die sog. Vorarbeiten (*förarbeten*) im Gesetzgebungsverfahren herangezogen. Gesetzeskommentare gibt es im Vergleich zu Deutschland nur wenige. Die wichtigsten arbeitsrechtlichen Gesetze sind das Kündigungsschutzgesetz (*lagen om anställningsskydd – LAS*[1]) und das Betriebliche Mitbestimmungsgesetz (*medbestämmandelagen – MBL*[2]).

Auch internationale Übereinkommen und hier insbesondere die Europäische Menschenrechtskonvention sowie EU-Regeln sind für das schwedische Arbeitsrecht von Relevanz. Kollisionen von internationalen Konventionen, europäischem Recht, nationalen Gesetzen und der Rechtsprechung sind in der Praxis eher selten. Schon hier zeigt sich die schwedische Besonderheit, Konflikte zu vermeiden und pragmatische Lösungen zu finden, mit denen alle Betroffenen leben können.

Für die Auslegung und Klärung von Rechtsbegriffen und Rechtsfragen sind auch die Entscheidungen des einzigen schwedischen Arbeitsgerichtes (*Arbetsdomstolen*) von großer Relevanz.

Eine weitere Rechtsquelle und das wichtigste Instrument für die Regelung von Anstellungsverhältnissen in Schweden überhaupt sind die Tarifverträge. Anders als zum Beispiel in Deutschland fehlt es in Schweden jedoch an der Möglichkeit der Allgemeinverbindlichkeitserklärung für Tarifverträge. Da es dennoch eine fast einheitliche tarifvertragliche Deckung auf dem schwedischen Arbeitsmarkt gibt, kommt den Tarifverträgen eine be-

[1] *Lag (1982:80) om anställningsskydd*; das Kündigungsschutzgesetz wurde zwar 1974 eingeführt, ist aber 1982 neu gefasst worden und hat seitdem zahlreiche Änderungen erfahren.
[2] *Lag (1976:580) om medbestämmande i arbetslivet.*

Deutsch-Schwedische Handelskammer (Hrsg.), *Arbeitsrecht in Schweden*,
DOI 10.1007/978-3-658-10205-0_1

sondere Bedeutung zu. Mehr als 70 Prozent der Arbeitnehmer sind Mitglied in einer Gewerkschaft und etwa 90 Prozent aller Anstellungsverhältnisse fallen unter tarifvertragliche Regelungen.

Das schwedische Arbeitsrecht kennt zudem keine Betriebsräte. Die betriebliche Mitbestimmung wird auf Arbeitnehmerseite ausschließlich von den Gewerkschaften wahrgenommen.

Tarifverträge besitzen eine rechtlich bindende Wirkung und beinhalten für die Dauer des Bestehens eines Tarifvertrages eine Friedenspflicht für die Organisationen und deren Mitglieder.

Natürlich können Arbeitgeber und Arbeitnehmer Anstellungsverträge individuell gestalten. Hierbei müssen die zwingenden Regelungen des Arbeitsrechts und – falls relevant – die der Tarifverträge beachtet werden. Besondere Bedeutung haben einzelvertragliche Regelungen für Arbeitnehmer, die nicht vom Kündigungsschutzgesetz umfasst sind, und für Unternehmen, die nicht tarifvertraglich gebunden sind.

Literatur

Bylund, Bo, Viklund, Lars, *Arbetsrätt i praktiken – en handbok*, 16. Auflage Stockholm 2012

Fahlbeck, Reinhold, Mulder, Bernhard Johann, *Labour and Employment Law in Sweden*, Lund 2009

Gellner, Lars, Sydolf Lars, *Swedish Labour Law – Svensk arbetsrätt*, Stockholm 2008

Sigeman, Tore; Sjödin, Erik, *Arbetsrätten – En översikt*, 6. Auflage, Stockholm 2013

Teknikföretagen, *A Short Introduction to Swedish Labour Law – for Teknikföretagen Member Companies*, 2. Auflage, Stockholm 2010

2 Wie kommt eine Anstellung zustande und welche Anstellungsformen gibt es

2.1 Der Arbeitsvertrag und seine Parteien

In vielen Bereichen des schwedischen Arbeitsrechts gelten zwingende Regelungen zugunsten des Arbeitnehmers, von denen durch den einzelnen Anstellungs- oder den Tarifvertrag wohl zugunsten, nicht jedoch zuungunsten des Arbeitnehmers abgewichen werden darf. Ein weiterer Teil der arbeitsrechtlichen Vorschriften ist semidispositiv; diese können durch tarifvertragliche Regelungen auch zum Nachteil des Arbeitnehmers, jedoch nicht durch den einzelnen Arbeitsvertrag abgeändert werden.

Der Arbeitsvertrag regelt die Beziehungen zwischen dem einzelnen Arbeitnehmer und dem Arbeitgeber. Ein wichtiges Kennzeichen des Arbeitsvertrages ist das dauerhafte Zur-Verfügung-Stellen der Arbeitskraft des Arbeitsnehmers. Die Betonung liegt dabei nicht – wie beim Auftragsverhältnis – auf einem bestimmten Arbeitsergebnis, sondern auf der Erbringung der Arbeitsleistung. Hinsichtlich der Abgrenzung zwischen Anstellung und Scheinselbständigkeit werden die durch die Rechtsprechung des Europäischen Gerichtshofs (EuGH) entwickelten Kriterien sowie die Rechtsprechung des schwedischen Arbeitsgerichts herangezogen.

Ein Arbeitsvertrag kann mündlich oder im Einzelfall sogar konkludent geschlossen werden. Ein Schriftformerfordernis besteht nicht. Aus Beweisgründen empfiehlt sich jedoch der Abschluss eines schriftlichen Arbeitsvertrages mit der Regelung der wichtigsten Fragen des Anstellungsverhältnisses.

Zu beachten ist, dass für alle Anstellungsverhältnisse, die vom Kündigungsschutzgesetz (*LAS*)[1] umfasst sind, wie auch in Deutschland besondere Informationspflichten für den Arbeitgeber bestehen. Diese Informationen müssen dem Arbeitnehmer spätestens einen Monat, nachdem er seine Arbeit begonnen hat, zugehen. Sie umfassen die für den Arbeitsvertrag wesentlichen Bedingungen wie die Identität der Vertragsparteien, den Beginn der Tätigkeit, den Ort der Arbeitsleistung, die Arbeitsaufgaben, die Art der An-

[1] Kündigungsschutzgesetz (*lag (1982:80) om anställningsskydd – LAS*).

Deutsch-Schwedische Handelskammer (Hrsg.), *Arbeitsrecht in Schweden*,
DOI 10.1007/978-3-658-10205-0_2

stellung, Kündigungsfristen, das Entgelt einschließlich der Auszahlungsmodalitäten, den Urlaub, die Arbeitszeit und – sofern zutreffend – einen Hinweis auf den anzuwendenden Tarifvertrag.[2]

Wie schon oben angesprochen, ist Arbeitnehmer (*arbetstagare*) derjenige, der für einen Anderen eine Arbeit ausführt, wobei der Andere das Weisungs- und Kontrollrecht hat und der Ausführende für seine Arbeit ein Entgelt erhält. Es ist dabei unerheblich, wie der Vertrag zwischen den Parteien bezeichnet wird; spricht eine Betrachtung der Gesamtumstände für die Annahme eines Anstellungsverhältnisses, so finden die zwingenden arbeitsrechtlichen Regelungen Anwendung.[3]

In Schweden existiert im Gegensatz zu vielen anderen EU-Ländern keine gesetzliche Unterscheidung zwischen Arbeitern und Angestellten; gleichwohl ist diese Unterscheidung bekannt und ist im Arbeitsleben relevant. Eine Einteilung in verschiedene Kategorien beruht dabei auf der jeweiligen Gewerkschaftszuordnung. Nach der Rechtsprechung des Arbeitsgerichts gilt der Tarifvertrag für Arbeiter nicht für denjenigen, der einer typischen Angestelltentätigkeit nachgeht und vom Tarifvertrag für Angestellte erfasst wird und umgekehrt. Bei Abgrenzungsproblemen und damit der Frage, welcher Tarifvertrag auf einen Arbeitnehmer angewandt werden soll, berücksichtigt das Gericht, ob die Tätigkeit traditionellerweise zu den Angestellten- oder den Arbeitertarifverträgen gehört. Wenn dies nicht weiterhilft, wird untersucht, ob sich die Tätigkeit aus einer Tätigkeit entwickelt hat, die einer der Tarifvertragsarten üblicherweise zuzuordnen ist. Die Gewerkschaften arbeiten dabei auch mit sog. Grenzziehungsübereinkommen (*gränsdragningsöverenskommelser).* In einigen Bereichen sind die tarifvertraglichen Regelungen für Arbeiter und Angestellte einheitlich und eine Aufteilung ist dann aus rechtlicher Hinsicht nicht relevant.

Personen, die Aktien an einer schwedischen Aktiengesellschaft (*aktiebolag – AB*[4]) halten und dort tätig sind, werden, selbst wenn sie Verwaltungsratsmitglieder und damit vertretungsberechtigtes Leitungsorgan der *AB* sind, ebenfalls als Arbeitnehmer im Sinne des Gesetzes bezeichnet.[5] Ein Aktionär einer *AB* wird jedoch dann nicht als Arbeitnehmer

[2] Kündigungsschutzgesetz (*lag (1982:80) om anställningsskydd – LAS*) § 6c.

[3] So das Arbeitsgericht (*Arbetsdomstolen*) in AD 2005 Nr. 33; Zusammenfassungen zu den Gerichtsurteilen des Arbeitsgerichts finden sich bei Öman, *Anställningsskyddspraxis.*

[4] Die schwedische *aktiebolag (AB)* ist die einzige Kapitalgesellschaftsform in Schweden und hat ein Mindeststammkapital von 50.000 SEK (= 5.263 EUR). Die *AB* hat als zwingende Organe die Hauptversammlung (*bolagsstämma*) sowie den Verwaltungsrat (*styrelse*), der bei kleinen Gesellschaften aus mindestens einem ordentlichen und einem stellvertretenden Mitglied (*ordinarie ledamot, suppleant*) bestehen muss. Der Verwaltungsrat ist das Exekutivorgan der Gesellschaft und wird von der Hauptversammlung bestellt. Erst ab einer Million SEK Aktienkapital muss die private Aktiengesellschaft auch einen Geschäftsführer (*verkställande direktör – VD*) bestellen. Die Bestellung eines Geschäftsführers ist aber üblich und erfolgt durch den Verwaltungsrat. Ist ein Geschäftsführer bestellt, entlässt dies die Mitglieder des Verwaltungsrats jedoch nicht aus ihrer Haftung.

[5] So das Arbeitsgericht (*Arbetsdomstolen*) in den Entscheidungen AD 1938 Nr. 46, AD 1946 Nr. 29, AD 1947 Nr. 17.8.

angesehen, wenn er ein größeres Aktienpaket besitzt und einen wesentlichen Einfluss auf die Unternehmenstätigkeit der *AB* ausübt.[6]

Praktikanten in Unternehmen unterfallen grundsätzlich dem Arbeitnehmerbegriff – unabhängig davon, ob sie ein Entgelt erhalten oder nicht.

Arbeitnehmer, die im Hinblick auf ihre Arbeitsaufgaben und Anstellungsbedingungen eine unternehmensleitende Position oder eine damit vergleichbare Stellung innehaben, unterfallen grundsätzlich nicht dem Kündigungsschutzgesetz.[7] Gleiches gilt für den Geschäftsführer (*verkställande direktör*) einer schwedischen *AB*.[8] Allerdings gilt dies nicht ausnahmslos: Als Daumenregel gilt, dass bei Unternehmen bis zu einer Größe von 50 Mitarbeitern nur der Geschäftsführer und eventuell auch der stellvertretende Geschäftsführer vom Kündigungsschutzgesetz ausgenommen sind. Bei Unternehmen mit mehr als 50 Mitarbeitern wird hingegen eine Gesamtbewertung der Umstände vorgenommen. Kriterien hierfür sind die Personalverantwortung bzw. Gesamtverantwortung für einen Teilbereich des Unternehmens. Diese Ausnahme vom Kündigungsschutzgesetz wird restriktiv gehandhabt.[9] Relevant hierfür sind die tatsächliche Organisation und die Handhabung der Leitung des Unternehmens sowie die Anstellungsbedingungen im Einzelnen.[10]

Eine Klausel im Arbeitsvertrag mit dem Inhalt, dass das Kündigungsschutzgesetz für den Vertrag keine Anwendung findet, wird vor Gericht regelmäßig keinen Bestand haben, wenn in der Realität die Voraussetzungen für die Geltung des Kündigungsschutzgesetzes vorliegen.

Vom Schutz des Kündigungsschutzgesetzes sind außerdem Familienmitglieder des Arbeitgebers, die bei diesem beschäftigt sind, sowie Hausangestellte ausgenommen.[11] Familienmitglieder sind in erster Linie Ehegatten und Verwandte in gerader Linie, d. h. Eltern, Großeltern, Kinder und Enkel. Auch weitläufigere Verwandte gehören zu dieser Gruppe, wenn sie bei dem Arbeitgeber leben oder dessen Haushalt angehören. Ebenso werden Lebensgefährten des Arbeitgebers von der Rechtsprechung als Verwandte im Sinne des Gesetzes angesehen.[12]

Arbeitgeber kann eine natürliche oder juristische Person sein. Als Arbeitgeber ist derjenige anzusehen, der den Arbeitsvertrag mit dem Arbeitnehmer eingeht oder sich dessen Leistungen zunutze macht. Er trägt die wirtschaftliche Verantwortung dafür, dass alle Pflichten gegenüber dem Arbeitnehmer erfüllt werden.

In der Praxis werden Unklarheiten betreffend des Arbeitgebers schon durch die Informationspflicht des Arbeitgebers, dem Arbeitnehmer schriftlich die Parteien des Anstellungsverhältnisses mitzuteilen, vermieden.

---

[6] Arbeitsgericht (*Arbetsdomstolen*) in AD 1979 Nr. 60.

[7] Kündigungsschutzgesetz (*lag (1982:80) om anställningsskydd – LAS*) § 1 Nr. 1.

[8] Siehe Arbeitsgericht (*Arbetsdomstolen*) in AD 1969 Nr. 60 und Nr. 146, AD 1980 Nr. 92, AD 1991 Nr. 86.

[9] Siehe dazu die Gesetzesvorarbeiten: Proposition 1981/82:71 S. 112.

[10] Arbeitsgericht (*Arbetsdomstolen*) in AD 1983 Nr. 121.

[11] Kündigungsschutzgesetz (*lag (1982:80) om anställningsskydd – LAS*) § 1 Nr. 2 und Nr. 3.

[12] Arbeitsgericht (*Arbetsdomstolen*) AD 1996 Nr. 139, AD 2000 Nr. 97.

2.2 Die Einstellung von Arbeitnehmern im Allgemeinen

Das Recht des Arbeitgebers, frei zu entscheiden, wen er einstellen möchte, ist bestimmten Einschränkungen unterworfen. Arbeitnehmer, die betriebsbedingt entlassen werden, haben nämlich während ihrer Kündigungsfrist und für den Zeitraum von neun Monaten nach ihrem letzten Anstellungstag das Recht auf eine sog. bevorzugte Wiedereinstellung unter der Voraussetzung, dass sie zuvor (1) mindestens ein Jahr in der gleichen Betriebseinheit angestellt waren, (2) für die neue Tätigkeit ausreichend qualifiziert sind und (3) angezeigt haben, dass sie von ihrem Vorrecht Gebrauch machen wollen. Auch befristet angestellte Arbeitnehmer genießen dieses Vorrecht, sofern die Tatsache, dass sie keine Weiterbeschäftigung erhalten, auf betriebsbedingten Gründen beruht. Diesen Arbeitnehmern muss der Arbeitgeber vor allen anderen eine Stelle anbieten.[13]

Auch Teilzeitbeschäftigte in der gleichen Betriebseinheit können ein sog. Vorrecht auf einen höheren Beschäftigungsgrad und damit einen Anspruch auf eine Vollzeitstelle, die der Arbeitgeber neu besetzen möchte, geltend machen. Voraussetzung ist, dass der Teilzeitbeschäftigte (1) sein Interesse bekundet hat, er (2) für die neue Stelle ausreichend qualifiziert ist und (3) den Bedürfnissen des Arbeitgebers durch die Vollzeitbeschäftigung des Teilzeitbeschäftigten entsprochen wird. Insbesondere muss hier auch die Verhandlungspflicht aus dem Kündigungsschutzgesetz[14] beachtet werden, die den Arbeitgeber dazu verpflichtet, mit den/der betroffenen Gewerkschaft/en zu verhandeln, bevor ein neuer Mitarbeiter angestellt werden kann, sofern ein Arbeitnehmer, der bereits angestellt ist, ein Vorrecht auf bevorzugte Wiederanstellung oder ein Teilzeitbeschäftigter ein Vorrecht auf einen höheren Beschäftigungsgrad hat.

Die schwedischen Antidiskriminierungsgesetze verbieten dem Arbeitgeber außerdem, einen Arbeitssuchenden aufgrund von Umständen zu benachteiligen, die einen Diskriminierungsgrund darstellen.[15] Diese Regelungen sind bereits bei der Formulierung einer Stellenanzeige zu berücksichtigen. Verstöße gegen die Antidiskriminierungsgesetze können zu Schadensersatzpflichten des Arbeitgebers führen.

Bei der EDV-Datenerfassung der Bewerbungen ist der Arbeitgeber an die Vorschriften des Datenschutzgesetzes[16] (*personuppgiftslag – PUL*) gebunden. Die elektronisch erfassten personenbezogenen Daten der Bewerber müssen nach den Regelungen dieses Gesetzes behandelt werden. Auch die manuelle Behandlung dieser Daten ist dann vom Datenschutzgesetz umfasst, wenn die Daten strukturiert gesammelt, nach bestimmten Kriterien zusammengestellt oder auf eine bestimmte Art und Weise strukturiert sind. Die Erfassung von personenbezogenen Daten wie dem ethnischen Ursprung, politischen Ansichten, religiösen Überzeugungen, der Mitgliedschaft in einer Gewerkschaft oder von Informationen, welche die Gesundheit oder das Sexualleben betreffen, sind nur in sehr wenigen Ausnah-

[13] Kündigungsschutzgesetz (*lag (1982:80) om anställningsskydd – LAS*) § 25.
[14] Kündigungsschutzgesetz (*lag (1982:80) om anställningsskydd – LAS*) § 32.
[15] Zu den einzelnen Diskriminierungsverboten siehe das Diskriminierungsgesetz (*diskrimineringslagen (208:567)*).
[16] Datenschutzgesetz (*personuppgiftslagen (1998:204) – PUL).*

mefällen gestattet. Private Arbeitgeber dürfen darüber hinaus keine personenbezogenen Daten zu strafrechtlichen Vergehen oder Verbrechen der Bewerber erfassen. Auch die sog. Personennummer[17] der Bewerber darf nur dann erfasst werden, wenn dies im Hinblick auf den Zweck der Erfassung, der Bedeutung einer sicheren Identifizierung oder anderer wichtiger Gründe vertretbar ist.

Ein Arbeitgeber kann bei den entsprechenden öffentlichen Behörden nicht selbst Auskunft über mögliche Vorstrafen oder andere Informationen des Bewerbers einholen. Diese kann in der Regel nur der Bewerber selbst anfordern und es steht ihm frei, diese Auszüge dem zukünftigen Arbeitgeber zur Verfügung zu stellen. Eine Gesetzesänderung ist hier angedacht und ein Arbeitgeber soll in Zukunft nur noch unter sehr engen Voraussetzungen von einem Bewerber oder Mitarbeiter die Vorlage eines polizeilichen Führungszeugnisses verlangen können.

Abgesehen von den Diskriminierungsverboten gibt es keine gesetzlichen Verbote, vom Arbeitssuchenden eine gesundheitliche Untersuchung zu verlangen. Es ist dem Arbeitgeber jedoch verboten, von einem Arbeitssuchenden einen genetischen Test[18] zu fordern.

Das schwedische Recht kennt im Gegensatz zu vielen anderen Rechtsordnungen kein Verbot von Fragen bezüglich der persönlichen Überzeugung des Arbeitssuchenden in politischen, religiösen oder kulturellen Fragen. Es widerspricht jedoch den Sitten und Gebräuchen auf dem Arbeitsmarkt, solche Fragen zu stellen, die der Arbeitssuchende seinerseits geheim halten möchte. Der Bewerber muss grundsätzlich wahrheitsgemäß auf die Fragen des Arbeitgebers antworten. Eine Ausnahme gilt jedoch für den Fall, dass die Angaben rechtlich irrelevant für den Fortbestand der Anstellung sind. Dies können zum Beispiel durch Antidiskriminierungsregeln geschützt Umstände sein, die ohnehin keinen Kündigungsgrund darstellen. Eine Stellensuchende darf also auch auf Nachfrage ihre Schwangerschaft geheim halten. Ein Arbeitssuchender, der allerdings auf Nachfrage eine Krankheit verheimlicht, die eine wesentliche Bedeutung für die Ausübung der Tätigkeit hat, kann möglicherweise später deshalb gekündigt werden. Ein Arbeitgeber sollte sich also gut überlegen, welche Fragen er dem Arbeitssuchenden im Bewerbungsgespräch stellt. Es sollte sich also immer nur um Fragen handeln, die eine wesentliche Bedeutung für die Ausübung der Tätigkeit haben.

[17] Alle in Schweden einwohnerrechtlich gemeldeten Personen verfügen über eine Personennummer (*personnummer*), die sich aus dem Geburtsdatum in umgekehrter Reihenfolge und weiteren vier Ziffern zusammensetzt (zum Beispiel 670501-1234). Erteilt wird diese Nummer vom schwedischen Finanzamt (www.skatteverket.se).

[18] Siehe das Gesetz über genetische Integrität (*lagen om genetisk integritet (2006:351)*).

2.3 Besonders geschützte Gruppen von Arbeitnehmern

Für die Beschäftigung von Minderjährigen gibt es eine Reihe von Vorschriften, deren Befolgung vom Schwedischen Zentralamt für Arbeitsumwelt (*Arbetsmiljöverk*) überwacht wird. Die wichtigsten Regelungen sind im Arbeitsumweltgesetz (*arbetsmiljölagen – AML*)[19] und anderen Vorschriften des Schwedischen Zentralamts für Umwelt verankert.

Grundsätzlich darf ein Minderjähriger erst in dem Jahr beschäftigt werden, in welchem er 16 Jahre alt wird und seine Schulpflicht erfüllt hat (Gruppe 1).[20] Jugendliche ab 13 Jahren (Gruppe 2) dürfen aber für leichtere Arbeiten, die keinen schädlichen Einfluss auf die Gesundheit, Entwicklung oder den schulischen Werdegang haben, angestellt werden.

Es besteht ein generelles Nachtarbeitsverbot für Minderjährige. Bei den Arbeitszeiten für Jugendliche der Gruppe 2 gelten strengere Arbeitszeitregelungen als für Jugendliche der Gruppe 1. Die Begrenzungen beziehen sich auf die Anzahl der Arbeitsstunden pro Tag und Woche, die Freizeit sowie die Wochenendruhe.

Minderjährige dürfen weder Arbeiten ausführen, die ein Unfallrisiko bergen noch schädliche Auswirkungen auf die Gesundheit oder die Entwicklung des Minderjährigen haben können. Es gibt eine Liste von gefährlichen Arbeitsaufgaben,[21] die ein Minderjähriger gar nicht oder nur unter bestimmten Voraussetzungen ausführen darf. Der Arbeitgeber muss die Arbeitsaufgaben unter Beachtung der physischen und psychischen Voraussetzungen des Minderjährigen sorgfältig auswählen. Die Arbeit muss unter der Anleitung einer erfahrenen Person ausgeübt werden. Weiterhin müssen die Arbeitsroutinen, wie Minderjährige eingearbeitet und angeleitet werden sollen, deutlich und vollständig sein.

Bei der Anstellung von Minderjährigen ist zu beachten, dass zwar der Minderjährige selbst den Arbeitsvertrag eingeht, aber Voraussetzung hierfür die Zustimmung der Erziehungsberechtigten ist. Der Minderjährige kann den Arbeitsvertrag allerdings jederzeit selbst kündigen, ohne die Zustimmung der Erziehungsberechtigten einzuholen, und dann ohne die erneute Zustimmung der Eltern einen Arbeitsvertrag für eine andere Arbeit ähnlicher Art eingehen. Falls der Minderjährige einen Arbeitsvertrag ohne die erforderliche Zustimmung der Eltern abgeschlossen hat, ist dieser nicht automatisch ungültig, sondern wird entweder durch die Genehmigung der Erziehungsberechtigten oder die Erfüllung der Vertragspflichten durch den Minderjährigen rechtswirksam. Der Arbeitgeber hingegen kann so lange vom Vertrag zurücktreten, bis die Erziehungsberechtigten den Vertrag genehmigt haben oder der Minderjährige seine Vertragspflichten erfüllt hat. Wusste der Arbeitgeber, dass es sich um einen Minderjährigen handelt, und wurde eine Frist für die

[19] Arbeitsumweltgesetz (*arbetsmiljölagen (1977:1160) – AML*) Kap. 5 §§ 1–5 und *Arbetsmiljöverkets föreskrifter och allmänna råd om minderårigas arbetsmiljö (AFS 2012:3)*.

[20] In Schweden besteht eine neunjährige Schulpflicht. Mit der zehnten Klasse beginnt das schwedische Gymnasium, das sich über weitere drei Jahre erstreckt. Ziel ist in Schweden, dass alle Schüler zwölf Jahre zur Schule gehen und den Abschluss des Gymnasiums machen. Im schwedischen Gymnasium ist eine Spezialisierung auf Fach- oder Berufsbereiche möglich. Eine Aufteilung in Haupt- und Realschule oder Gymnasium wie in Deutschland kennt man in Schweden nicht.

[21] Diese Liste findet sich unter: http://www.av.se/dokument/afs/afs2012_03.pdf.

Einholung der Genehmigung der Erziehungsberechtigten bestimmt, darf der Arbeitgeber erst nach dem Verstreichen dieser Frist vom Arbeitsvertrag zurücktreten.

Der Minderjährige oder seine Erziehungsberechtigten können den Arbeitsvertrag fristlos kündigen, wenn dies aufgrund der Gesundheit, der Entwicklung oder des schulischen Werdegangs des Minderjährigen notwendig ist.[22]

Bei Verstößen gegen die oben genannten Vorschriften kann die Behörde Bußgelder gegen den Arbeitgeber verhängen.[23]

Ältere Arbeitnehmer und Arbeitnehmer mit einer Arbeitsbehinderung (Personen mit eingeschränkter Leistungsfähigkeit) werden vom Gesetz über bestimmte anstellungsfördernde Maßnahmen[24] erfasst. Dieses Gesetz hat einen arbeitsmarktpolitischen Charakter und soll die Beschäftigung von besonders exponierten Gruppen fördern. Zu diesen Gruppen gehören ältere Arbeitnehmer und Arbeitnehmer mit einer Arbeitsbehinderung sowie Arbeitnehmer, die durch eine Betriebsänderung ihre Arbeit verloren haben.

Mit älteren Arbeitnehmern sind nicht nur Arbeitnehmer gemeint, die sich dem Pensionsalter nähern. Dies können auch Personen sein, die gemessen an den örtlichen Verhältnissen oder den Arbeitsaufgaben diesem Personenkreis zuzurechnen sind.

Zum Personenkreis von Arbeitnehmern mit eingeschränkter Leistungsfähigkeit zählen Personen mit einer Behinderung – unabhängig davon, ob diese Behinderung physische oder psychische Ursachen hat.

Die Arbeitsmarktbehörden können von dem Arbeitgeber Angaben über die Personalzusammensetzung, die Anzahl der Arbeitnehmer mit einer Arbeitsbehinderung oder über geplante Änderungen in der Angestelltenzahl verlangen. Die Behörden haben weiterhin das Recht auf ein Gespräch mit dem Arbeitgeber über die Beschäftigungsmöglichkeiten von Personen der genannten Gruppen. Sie können einem Arbeitgeber Anweisungen zur Vornahme von Maßnahmen erteilen, damit dieser den genannten Personengruppen solche verbesserten Beschäftigungsmöglichkeiten einrichtet.

Das Gesetz baut in hohem Maße auf Freiwilligkeit auf, so dass der Arbeitgeber und die Arbeitsmarktbehörden gemeinsam eine Verbesserung der Beschäftigungsmöglichkeiten und der Arbeitsbedingungen von älteren Arbeitnehmern und Arbeitnehmern mit einer Arbeitsbehinderung erreichen können.

Darüber hinaus gibt es für Personen mit einer Behinderung, die eine eingeschränkte Leistungsfähigkeit mit sich bringt und die demzufolge eine geschützte Anstellung benötigen, die sog. Entwicklungsanstellung (*utvecklingsanställning*). Diese Anstellung soll neben den normalen Arbeitsaufgaben auch Elemente zur Ausbildung, Rehabilitation und Anpassung von Hilfsmitteln enthalten. Diese Art der Anstellung beläuft sich auf ein Jahr und kann um ein weiteres Jahr verlängert werden. Ein Arbeitgeber, der Personen im Rah-

[22] Elterngesetzbuch (*förädrabalk (1949:381)*) Kap. 6 § 12.

[23] Arbeitsumweltgesetz *(arbetsmiljölagen (1977:1160) – AML)* Kap. 8 § 2.

[24] Gesetz über bestimmte anstellungsfördernde Maßnahmen (*lag (1974:13) om vissa anställningsfrämjande åtgärder*) §§ 8 bis 13.

men dieser Anstellung beschäftigt, erhält eine Lohnbeihilfe. Der Arbeitnehmer ist jedoch im Rahmen dieser Anstellung nicht vom Schutz des Kündigungsschutzgesetzes erfasst.

Personen, die auch nach einer Entwicklungsanstellung keine Arbeit finden, können in der sog. Schutzanstellung (*trygghetsanställning*) angestellt werden. Auch hier kann der Arbeitgeber eine Lohnbeihilfe erhalten. Die Arbeitnehmer unterfallen allerdings grundsätzlich dem Kündigungsschutzgesetz. [25]

2.4 Die Einstellung von Arbeitnehmern aus dem Ausland

EU-Bürger und Staatsbürger der Länder des Europäischen Wirtschaftsraums (Island, Liechtenstein und Norwegen) benötigen weder eine Aufenthaltsgenehmigung (*uppehållstillstånd*) noch eine Arbeitsgenehmigung (*arbetstillstånd*), wenn sie in Schweden eine Arbeit aufnehmen wollen.

Eine Tätigkeit kann daher unverzüglich aufgenommen werden. Erforderlich ist allerdings eine Registrierung bei der Ausländerbehörde (*Migrationsverket*[26]). Dazu muss der Arbeitnehmer eine beglaubigte Kopie des Reisepasses oder des Personalausweises sowie eine Anstellungsbescheinigung des Arbeitgebers, aus der die wöchentlichen Arbeitszeiten und die Arbeitsaufgaben hervorgehen, vorlegen. Der schwedische Arbeitgeber muss auf der Anstellungsbescheinigung seine Adresse, seine Telefonnummer und seine Organisationsnummer[27] angeben.

Angehörige von Drittstaaten benötigen in der Regel eine Arbeitserlaubnis. Diese ist vor der Einreise nach Schweden bei der schwedischen Botschaft in Deutschland bzw. im Heimatland des Arbeitnehmers zu beantragen. Die Arbeitserlaubnis muss bereits vor der Einreise nach Schweden erteilt und im Pass des Betreffenden eingetragen sein.[28]

Eine Arbeitserlaubnis wird erteilt, wenn der Antragsteller

- einen gültigen Pass besitzt,
- ein Anstellungsangebot eines Arbeitgebers in Schweden nachweisen kann,
- der Arbeitgeber die betreffende Stelle mindestens zehn Tage lang innerhalb Schwedens und der Europäischen Union ausgeschrieben hat,

[25] Die Regeln zur *utvecklingsanställning und trygghetsanställning* finden sich in der Verordnung über spezielle Einsätz für Personen mit einer Arbeitsbehinderung (*förordning (2000:630) om särskilda insatser för personer med funktionshinder som medför nedsatt arbetsförmåga).*

[26] Auf der Website der Behörde werden viele Informationen auch in der deutschen Sprache zur Verfügung gestellt: www.migrationsverket.se.

[27] Alle Unternehmen, die beim schwedischen Handelsregister registriert sind, haben eine sog. Organisationsnummer, die sich aus einer Zifferkombination von zehn Ziffern zusammensetzt. Auch bei einer eventuellen Namensänderung des Unternehmens bleibt die Organisationsnummer unverändert. Das Handelsregister ist für ganz Schweden zentralisiert (www.bolagsverket.se).

[28] Für weitere Hinweise siehe die Website der Einwanderungsbehörde unter: http://www.migrationsverket.se/download/18.56e4\protect\kern+.1667em\relaxf4801246221d25680002470/atutifran_148011_en.pdf.

- die Anstellungsbedingungen schwedischen Tarifverträgen oder dem branchenüblichen Standard entsprechen und
- der Arbeitnehmer von dem zu erzielenden Einkommen leben kann.[29]

Die Einwanderungsbehörde nimmt keine Prüfung mehr vor, ob auf dem Arbeitsmarkt bezüglich der angebotenen Tätigkeit Arbeitskräftemangel besteht. Der Bedarf wird vielmehr vermutet, da der fragliche Arbeitgeber den Arbeitnehmer einstellen will.

Angehörige von Drittstaaten benötigen hingegen dann keine Arbeitserlaubnis, wenn sie

- in einem EU-/EWR-Staat (zum Beispiel Deutschland) wohnhaft sind,
- in diesem Staat ein Arbeits- und Aufenthaltsrecht haben,
- bei einem in diesem Staat ansässigen Unternehmen fest angestellt sind und
- für dieses Unternehmen vorübergehende Arbeiten in Schweden durchführen sollen, die im Zusammenhang mit einer Auftragserteilung (zum Beispiel Bauarbeiten) stehen.

Für eine Tätigkeit von bis zu drei Monaten ist eine Aufenthaltsgenehmigung nicht erforderlich. Indes benötigen die Bürger der meisten Drittstaaten zum Aufenthalt in Schweden ein Schengen-Visum. Eine aktualisierte Liste der visapflichtigen Länder hält das schwedische Außenministerium bereit.[30]

Für eine Tätigkeit über drei Monate hinaus benötigen Angehörige von Drittstaaten hingegen eine Aufenthaltsgenehmigung. Die Aufenthaltsgenehmigung wird für die Dauer der Anstellung, maximal jedoch für zwei Jahre erteilt. Erst nach Verstreichen der ersten zwei Jahre des Aufenthaltes kann eine unbefristete Aufenthaltsgenehmigung erteilt werden.

Wenn ein Angehöriger eines Drittstaates innerhalb der ersten 48 Monate seines Aufenthaltes seinen Arbeitsplatz verliert, kann die Einwanderungsbehörde die Arbeits- und Aufenthaltserlaubnis widerrufen. Der Betroffene hat jedoch das Recht, über einen Zeitraum von drei Monaten nach dem Ende der Anstellung in Schweden einen neuen Arbeitsplatz zu suchen.

2.5 Befristungen im Arbeitsvertrag

Das Kündigungsschutzgesetz geht davon aus, dass es sich bei einer Anstellung grundsätzlich um eine unbefristete Anstellung handelt, sofern die Parteien nicht ausdrücklich eine Befristung vereinbart haben. [31]

Bei einer unbefristeten Anstellung (*tillsvidareanställning*) ist die Dauer der Anstellung nicht festgelegt. Im Normalfall wird eine solche Anstellung erst durch eine fristgemäße

[29] Hierbei wird ein Mindesteinkommen von 13.000 SEK brutto pro Monat (= ca. 1500 EUR) zugrunde gelegt.

[30] Diese Liste ist in englischer Sprache abrufbar unter: http://www.government.se/content/1/c6/13/59/55/c1144799.pdf.

[31] So das Kündigungsschutzgesetz (*lag (1982:80) om anställningsskydd – LAS*) § 4.

oder eine fristlose Kündigung beendet. Erfolgt diese von Seiten des Arbeitgebers ist ein Kündigungsgrund erforderlich. Bei einer befristeten Anstellung (*visstidsanställning*) endet die Anstellung hingegen mit Ablauf der Anstellungszeit.

Liegt Uneinigkeit über das Vorliegen einer Befristung vor, wird zuerst geprüft, ob eine Befristung vereinbart wurde, und anschließend, ob eine solche Befristung nach dem Kündigungsschutzgesetz zulässig ist.[32] Aus dem Arbeitsvertrag muss der Zeitpunkt der Beendigung der Anstellung nach objektiven Kriterien hervorgehen. Dies kann eine Geltung für eine bestimmte Zeit, die Beendigung zu einem bestimmten Datum oder die Rückkehr des Inhabers der Stelle sein. Die Beweislast für das Vorliegen einer Befristung obliegt demjenigen, der die Befristung behauptet, unabhängig davon, ob es sich um den Arbeitgeber oder den Arbeitnehmer handelt.

Nach dem Kündigungsschutzgesetz sind folgende Befristungen zulässig:

(1) Probezeit,
(2) allgemeine Befristung,
(3) Vertretung,
(4) saisonale Beschäftigung und
(5) Beschäftigung von Arbeitnehmern, die älter als 67 Jahre sind.

Ein Arbeitgeber, der tarifvertraglich gebunden ist, muss die lokale Gewerkschaftsorganisation über die Anstellung im Rahmen einer Befristung informieren.[33]

Eine Probezeit (*provanställning*) kann für maximal sechs Monate vereinbart werden, sofern nicht ein bindender Tarifvertrag eine kürzere oder längere Probezeit regelt. Die Probezeit kann nicht im Anschluss an eine andere Befristung erfolgen, da ihr dann das Bedürfnis des Arbeitgebers, den Mitarbeiter zu erproben, fehlt. Wird die Probezeit nicht vorzeitig abgebrochen oder ausdrücklich beendet, geht sie automatisch in eine unbefristete Anstellung über.

In der Praxis wird eine Probezeit regelmäßig mit jüngeren Arbeitnehmern ohne größere Arbeitserfahrung vereinbart. Will der Arbeitgeber einen Mitarbeiter anstellen, der in seinem Arbeitsgebiet erfahren ist und zudem für die neue Stelle seine alte Stelle kündigt, muss er damit rechnen, dass dieser Arbeitnehmer eine Probezeit nicht akzeptieren wird. Hier soll schon einmal darauf hingewiesen sein, dass bei einer betriebsbedingten Kündigung nach dem Prinzip „last-in-first-out" vorgegangen wird und der Arbeitnehmer möglicherweise eine aufgrund langer Anstellungszeit sichere Stelle gegen eine aus seiner Sicht unsichere Stelle eintauscht. Die Vereinbarung einer Probezeit wird in diesem Fall also reine Verhandlungssache sein und davon abhängen, wie wichtig die Anstellung des Arbeitnehmers für den Arbeitgeber ist.

---

[32] Die möglichen Befristungen eines Anstellungsvertrags sind im Kündigungsschutzgesetz (*lag (1982:80) om anställningsskydd – LAS*) in den §§ 5 und 6 geregelt.

[33] Kündigungsschutzgesetz (*lag (1982:80) om anställningsskydd – LAS*) § 28.

Im Rahmen der allgemeinen befristeten Anstellung (*allmän visstidsanställning*)[34] kann ein Arbeitnehmer bis zu zwei Jahren in einem Zeitraum von insgesamt fünf Jahren befristet angestellt werden, ohne dass ein Befristungszweck angegeben werden muss.

Für Arbeitnehmer, die aufgrund von Elternzeit, Krankheit, aus Studiengründen oder aus anderen Gründen von ihrer Arbeitspflicht befreit sind, kann befristet eine Vertretung (*vikariat*)[35] für genau diesen namentlich genannten Mitarbeiter angestellt werden. Hierbei handelt es sich um eine sog. echte Vertretung (*äkta vikariat*). Auch für Urlaubszeiten – vor allem in den Sommermonaten – können Urlaubsvertretungen eingestellt werden. Hier ist eine Nennung der Mitarbeiter, die vertreten werden sollen, nicht erforderlich (*semestervikarie*).

Für beide Befristungsformen (*allmän visstidsanställning* und *vikariat*) gilt, dass die Anstellung nach Ablauf von zwei Jahren innerhalb einer Fünfjahresperiode automatisch in eine unbefristete Anstellung übergeht.[36] Bei der Berechnung der Zweijahresfrist wird jedoch die Anstellung in den jeweils anderen Befristungen nicht mitgerechnet. Das bedeutet, dass durch die Aneinanderreihung der unterschiedlichen Befristungsformen die Fünfjahresfrist umgangen werden kann und im Grunde eine unendliche Folge von befristeten Anstellungen möglich ist, ohne dass die Anstellung in eine unbefristete Anstellung übergeht.

Eine zeitlich zurückliegende Anstellung mit der gleichen Befristungsform bei einem früheren Arbeitgeber im gleichen Konzern oder eine zurückliegende Anstellungszeit vor einem Betriebsübergang fließt in die Berechnung der Zweijahresfrist mit ein.[37]

Die oben genannten Befristungen werden aufgrund ihrer Rechtsnatur mit Ablauf des in der Befristung festgestellten Datums oder Ereignisses automatisch beendet. Besteht die Befristung jedoch länger als zwölf Monate und soll sie nicht verlängert werden, muss der Arbeitgeber den Arbeitnehmer und dessen Gewerkschaft mindestens einen Monat vor Ablauf der Befristung schriftlich über das Ende der Befristung informieren.[38] Gewerkschaft und Arbeitnehmer haben das Recht auf eine Anhörung vor dem Arbeitgeber.

Nach einer befristeten Anstellung von mehr als zwölf Monaten kann der Arbeitnehmer unter bestimmten Voraussetzungen ein Vorrecht auf eine bevorzugte Wiederanstellung haben.[39]

Weiterhin ist eine befristete Anstellung für saisonale Kräfte für die Saison möglich.[40] Hierbei handelt es sich meistens um die Landwirtschaft, Bau-, Hotel- oder Gastronomiebranche. Falls eine saisonale Anstellung in den letzten zwei Jahren für mehr als sechs Monate bestanden hat, muss der Arbeitgeber den Arbeitnehmer mindestens einen Monat

[34] Kündigungsschutzgesetz (*lag (1982:80) om anställningsskydd – LAS*) § 5 Absatz 1 Ziffer 1.
[35] Kündigungsschutzgesetz (*lag (1982:80) om anställningsskydd – LAS*) § 5 Absatz 1 Ziffer 2.
[36] Kündigungsschutzgesetz (*lag (1982:80) om anställningsskydd – LAS*) § 5 Absatz 2.
[37] Kündigungsschutzgesetz (*lag (1982:80) om anställningsskydd – LAS*) § 3.
[38] Kündigungsschutzgesetz (*lag (1982:80) om anställningsskydd – LAS*) §§ 15, 30a.
[39] Kündigungsschutzgesetz (*lag (1982:80) om anställningsskydd – LAS*) § 25.
[40] Kündigungsschutzgesetz (*lag (1982:80) om anställningsskydd – LAS*) § 5 Absatz 1 Ziffer 3.

vor Beginn der neuen Saison informieren, sofern eine neue saisonale Anstellung nicht erfolgen soll.

Eine Anstellung endet spätestens mit der Pensionierung des Arbeitnehmers. Dieser hat das Recht, bis zum Alter von 67 Jahren zu arbeiten. Um eine Anstellung auch von älteren Personen zu ermöglichen, ohne dass daraus eine unbefristete Anstellung entstehen kann, gibt es die Möglichkeit, Personen, die älter als 67 Jahre alt sind, im Rahmen einer Befristung anzustellen oder aber eine bestehende unbefristete Anstellung in eine Befristung übergehen zu lassen.[41]

Eine Befristung kann in der Regel weder vom Arbeitgeber noch vom Arbeitnehmer vor Ablauf der Befristung abgebrochen werden. Bei betriebsbedingten Kündigungen kann der befristet angestellte Arbeitnehmer unter Umständen besser geschützt sein als der unbefristet angestellte Arbeitnehmer. Gerade im Fall einer befristeten Anstellung im Rahmen einer Vertretung (zum Beispiel Elternzeit oder Krankheit) kann die fehlende Beendigungsmöglichkeit bei einer vorzeitigen Rückkehr des Arbeitnehmers aus der Elternzeit oder Krankheit mit hohen Kosten verbunden sein, da die Stelle dann doppelt besetzt ist. Dem kann in der Praxis durch eine Mischung von unbefristeter und befristeter Anstellung wie folgt entgegengewirkt werden: Die Anstellung erfolgt grundsätzlich als Befristung mit der Möglichkeit der vorzeitigen beiderseitigen Beendigung wie bei einer unbefristeten Anstellung. Bei einer Vertretungsstelle kann aufgenommen werden, dass die Befristung zu einem bestimmten Zeitpunkt bzw. dann endet, wenn der Arbeitnehmer, der vertreten werden soll, wieder auf seinen Arbeitsplatz zurückkehrt.

Ein Arbeitgeber ist weiterhin verpflichtet, seine befristet angestellten Mitarbeiter über freie Stellen im Betrieb zu informieren.[42]

Literatur

Zitierte Literatur

Öman, Sören, *Anställningsskyddspraxis,* Stockholm 2014, 7. Auflage

Empfohlene Literatur

D'Oliwa, Louise Ideström; Flemström, Stefan, *Rätt Arbetsrätt 2015*, Stockholm 2015

Iseskog, Tommy, *Personaljuridik,* 27. Auflage, Stockholm 2014

Källström, Kent; Malmström, Jonas, *Anställningsförhållandet*, 3. Auflage, Uppsala 2013

Nyholm, Jens; Sundin, Anna, *Anställda,* 18. Auflage, Stockholm 2014

[41] Kündigungsschutzgesetz (*lag (1982:80) om anställningsskydd – LAS*) § 5 Absatz 1 Ziffer 4.
[42] Kündigungsschutzgesetz (*lag (1982:80) om anställningsskydd – LAS*) § 6 f.

Der Arbeitsvertrag

3

3.1 Rechte und Pflichten der Parteien

Eine gesetzliche Regelung zu der Hauptpflicht des Arbeitnehmers – der Arbeitspflicht – gibt es in Schweden nicht. Sie wird vielmehr durch die Rechtsprechung des Arbeitsgerichts ausgefüllt. Ein Arbeitnehmer hat aufgrund seines Arbeitsvertrags und des zwingenden Rechts die Pflicht, seine Arbeitsaufgaben zu der Zeit und an dem Ort auszuführen, die ihm der Arbeitgeber aufgibt. Eine Arbeitsverweigerung stellt eine Verletzung der Pflichten des Arbeitnehmers dar und kann Grund für eine fristgemäße (*uppsägning*) oder fristlose Kündigung (*avsked*) sein. Dies ist allerdings nicht der Fall, wenn die Arbeitsverweigerung als einmalige Handlung gesehen werden kann, wenn die Anweisungen des Arbeitgebers überraschend kamen, auf eine schroffe Art und Weise vermittelt wurden oder die Arbeitsverweigerung eine besonders schwere und anstrengende Arbeit betrifft. Relevant ist weiterhin, ob der Arbeitgeber erklärt hat, warum diese Arbeit ausgeführt werden muss und ob er den Einwänden des Arbeitnehmers Gehör geschenkt hat.[1] Hier zeigt sich ein im schwedischen Arbeitsrecht durchgängiges Prinzip, dass der Arbeitnehmer ein gewisses Anhörungsrecht hat und der Arbeitgeber nicht nur erklären soll, warum bestimmte Maßnahmen durchgeführt werden sollen, sondern er sich auch die Einwände des Arbeitnehmers bzw. dessen Gewerkschaft anhören muss. Ähnliche Regelungen finden sich auch im Betrieblichen Mitbestimmungsgesetz (*medbestämmandelagen – MBL*).

Zur Pflicht des Arbeitnehmers gehört weiterhin die Beachtung der Ordnungsvorschriften im Betrieb. In der Praxis empfiehlt sich die Ausarbeitung eines Personalhandbuchs, in dem die Ordnungsvorschriften, die für den jeweiligen Betrieb gelten, aufgezeichnet

[1] Siehe die Entscheidung des Arbeitsgerichts (*Arbetsdomstolen*) AD 1999 Nr. 102 mit weiteren Hinweisen.

Deutsch-Schwedische Handelskammer (Hrsg.), *Arbeitsrecht in Schweden*,
DOI 10.1007/978-3-658-10205-0_3

werden.[2] Ein Arbeitnehmer kann bei einem Verstoß gegen diese Regelungen dann nicht behaupten, diese nicht gekannt zu haben.

Ein Arbeitnehmer muss weiterhin die Arbeitsschutzpflichten einhalten, die für den Arbeitsplatz gelten, d. h. den Sicherheitsvorschriften Folge leisten und eine entsprechende Schutzausrüstung nutzen[3] und den Arbeitgeber umgehend über solche Tatsachen unterrichten, die eine Gefahr für Leib oder Leben darstellen[4].

Zu den Nebenpflichten des Arbeitnehmers gehört die Loyalitätspflicht gegenüber seinem Arbeitgeber. Ausgangspunkt ist, dass der Arbeitsvertrag nicht nur einen Austausch von Leistungen beinhaltet, sondern auch ein persönliches Verhältnis zwischen den Parteien schafft. Der Arbeitnehmer darf dem Arbeitgeber keinen Schaden zufügen und muss sein eigenes Interesse, den Interessen des Arbeitgebers unterordnen. An leitende Angestellte werden höhere Loyalitätsanforderungen als an andere Arbeitnehmer gestellt. Mit dem Ende der Anstellung endet auch die Loyalitätspflicht gegenüber dem Arbeitgeber. Ein Verstoß gegen die Loyalitätspflicht kann zu fristgemäßer oder fristloser Kündigung sowie Schadensersatzansprüchen des Arbeitgebers gegenüber dem Arbeitnehmer führen. Die Loyalitätspflicht des Arbeitnehmers besteht auch während der Kündigungsfrist. Ein Verstoß des Arbeitnehmers während der Kündigungsfrist gegen seine Loyalitätspflicht kann bei groben Verstößen zu einer fristlosen Kündigung in der Kündigungsfrist führen. Die Beweispflicht zum Nachweis des Verstoßes gegen die Loyalitätspflicht liegt beim Arbeitgeber.

Ein Arbeitnehmer hat in Schweden grundsätzlich ein Kritikrecht und ist relativ frei, das Handeln des Arbeitgebers zu kritisieren und in Frage zu stellen oder die zuständige Behörde über Missverhältnisse beim Arbeitgeber zu informieren. Überschreitet der Arbeitnehmer die Grenzen seines Kritikrechts, handelt er also dem Arbeitgeber gegenüber illoyal, kann dies einen Kündigungsgrund darstellen. Grundsätzlich soll der Arbeitnehmer seine berechtigte Kritik erst intern vorbringen und versuchen, zusammen mit dem Arbeitgeber Lösungen zu finden. Je schlimmer die Zustände sind, desto eher liegt ein Kritikrecht vor. Von Angestellten in hohen Positionen kann im Grunde verlangt werden, dass sie Entscheidungen des Arbeitgebers weder nach außen noch gegenüber ihren eigenen Mitarbeitern kritisieren.[5] Ein Arbeitnehmer kann jedoch unternehmensintern Kritik vorbringen oder mit seinen Kollegen oder Nahestehenden über Anstellungsverhältnisse bei der Arbeit reden, denen er kritisch gegenüber steht.[6] Die oben genannten Regelungen gelten auch für die Anwendung von sozialen Medien. Ein Arbeitnehmer darf seinen Arbeitgeber beispielsweise erst dann in seinem Blogg kritisieren, wenn er die Probleme

[2] Dies können zum Beispiel Regelungen zum Umgang mit dem Internet, den Arbeitszeiten, Berichtspflichten etc. sein.

[3] Dies ergibt sich aus dem Arbeitsumweltgesetz (*arbetsmiljölag (1977:1160) – AML*) Kap. 4 § 4 Absatz 1.

[4] Siehe Arbeitsumweltgesetz (*arbetsmiljölag (1977:1160) – AML*) Kap. 3 § 4.

[5] Zum Kritikrecht siehe die Entscheidungen des Arbeitsgericht (*Arbetsdomstolen*) AD 1987 Nr. 22, AD 1987 Nr. 5, AD 1986 Nr. 95, AD 1997 Nr. 57, AD 1994 Nr. 79, AD 1986 Nr. 95.

[6] So das Arbeitsgericht (*Arbetsdomstolen*) AD 2011 Nr. 36.

zuvor direkt mit dem Arbeitgeber erörtert hat. Begründete Kritik kann ein Arbeitnehmer in den sozialen Medien im Übrigen genauso aufnehmen, wie er einen Leserbrief an eine Zeitung schicken kann.

Arbeitnehmer, die vom Arbeitgeber mit der Verwaltung von Geldern betraut werden, müssen nachweisen können, wie sie mit diesen verfahren und dass sie den Anweisungen des Arbeitgebers betreffend der Verwaltung der Mittel folgen. Falls dem Arbeitnehmer Eigentum des Arbeitgebers anvertraut wird, muss er mit diesem sorgsam umgehen. Weiterhin soll er den Arbeitgeber vor unnötigen Kosten schützen.

Die Pflicht, Informationen zu betrieblichen Angelegenheiten, die der Arbeitgeber geheim halten will, nicht an Dritte weiterzugeben, ist Ausfluss der Loyalitätspflicht des Arbeitnehmers. Für Arbeitgeber, die weitere Informationen von der Geheimhaltungspflicht umfassen möchten, empfiehlt sich in der Praxis die Aufnahme von ausdrücklichen Geheimhaltungsvereinbarungen in den Arbeitsvertrag. Dies gilt vor allem, sofern eine Geltung der Geheimhaltungsvereinbarung auch über das Ende der Anstellung hinaus bestehen soll.

Betriebsgeheimnisse werden durch das Gesetz zum Schutz für Betriebsgeheimnisse (*lag om skydd för företagshemligheter*)[7] nicht nur während der Anstellung, sondern im Einzelfall auch für die Zeit nach dem Ende der Anstellung geschützt. Ein Verstoß gegen das Gesetz führt zu einem Schadensersatzanspruch des Arbeitgebers gegenüber dem Arbeitnehmer.

Zu den Pflichten des Arbeitgebers lässt sich Folgendes sagen: Dem Arbeitgeber steht ein weitgehendes Weisungsrecht gegenüber dem Arbeitnehmer zu. Dieses Weisungsrecht beinhaltet das Recht, die Arbeit zu leiten und zu verteilen (*att leda och fördela arbetet*).[8] Mit dem Weisungsrecht geht auf der anderen Seite auch eine Verpflichtung einher, das Weisungsrecht nicht zu missbrauchen.

Die Pflicht des Arbeitgebers besteht darin, dem Arbeitnehmer für dessen geleistete Tätigkeit ein Entgelt zu gewähren. Zudem ist der Arbeitgeber verpflichtet, die gesetzlichen Bedingungen im Rahmen der Anstellung einzuhalten. Hierzu gehören insbesondere die Pflichten innerhalb des Arbeitsschutzes[9] (*arbetsmiljö*).

Die Nebenpflichten des Arbeitgebers bestehen hauptsächlich aus Loyalitätspflichten, allerdings hier gegenüber dem Arbeitnehmer. Ausdruck dieser Loyalitätspflicht ist zum Beispiel die Verpflichtung des Arbeitgebers, die Privatsphäre seiner Arbeitnehmer zu

[7] Gesetz über den Schutz von Betriebsgeheimnissen (*lagen om skydd för företagshemligheter (1990:409)*), in englischer Sprache unter: http://www.wipo.int/wipolex/en/text.jsp?file_id=241716.

[8] Zum Weisungsrecht siehe oben unter C. Punkt 1.

[9] Hierzu insbesondere die Arbeitsschutzvorschrift über kränkende Behandlung im Arbeitsleben des schwedischen Zentralamts für Arbeitsumwelt (*kränkande särbehandling i arbetslivet (AFS 1993:17)*). Eine Übersetzung dieser Arbeitsschutzvorschrift in die englische Sprache findet sich auf der Website der Behörde unter: http://www.av.se/dokument/inenglish/legislations/eng9317.pdf (*victimization at work*).

schützen.[10] Das Recht auf Durchführung von Alkohol- und Drogentests kann im einzelnen Arbeitsvertrag oder im Tarifvertrag verankert sein. In anderen Fällen muss bei solchen Kontrollen im Einzelfall eine Abwägung zwischen den Interessen des Arbeitgebers auf einen ordnungsgemäßen Betrieb und dem Integritätsinteresse des Arbeitnehmers vorgenommen werden.[11] Der Arbeitgeber darf nur in Ausnahmefällen, d. h. bei Vorliegen eines berechtigten Interesses, private E-Mails seiner Arbeitnehmer lesen.

In der Praxis sollte ein Unternehmen eine Computer-Policy haben, in der die Rechte und Pflichten im Umgang mit Computern und Telefonen für den Privatgebrauch geregelt wird. Diese Regelungen sind für Arbeitnehmer bindend. Natürlich steht es dem Arbeitgeber frei, die private Nutzung in einer Policy gänzlich zu untersagen. In der Regel ist allerdings in Schweden die Nutzung von Computern des Arbeitgebers auch für private Zwecke in begrenztem Umfang üblich und zulässig.

3.2 Arbeitszeit

Das Arbeitszeitgesetz (*arbetstidslagen*)[12] hat einen ausgeprägten Schutzcharakter für Arbeitnehmer. Es gilt für diese unabhängig davon, ob sie unbefristet oder befristet, in Teilzeit oder in Vollzeit angestellt sind. Das Gesetz gilt weiterhin für alle Arbeiten, die in Schweden ausgeführt werden unabhängig davon, ob es sich um einen schwedischen oder ausländischen Arbeitgeber handelt. Im Rahmen der Entsendung von deutschen Arbeitnehmern nach Schweden ist also das schwedische Arbeitszeitgesetz zu beachten.

Bestimmte Arbeitnehmergruppen, wie zum Beispiel Seeleute, Hausangestellte und Minderjährige, sind von der Anwendung des Gesetzes ausgenommen, da für sie Sonderregelungen gelten. Darüber hinaus gilt das Gesetz nicht für Personen mit einer nicht kontrollierbaren Arbeit, wie Handelsreisende oder Arbeitnehmer in Heimarbeit, leitende Angestellte und Arbeitnehmer mit Vertrauensarbeitszeit.

Das Arbeitszeitgesetz kann vollständig durch zentrale Tarifverträge oder lokale Tarifverträge, die zentral genehmigt wurden, oder in Teilen durch lokal vereinbarte Tarifverträge ersetzt werden. Diese tarifvertraglichen Regelungen gelten dann auch für die Arbeitnehmer eines tarifgebundenen Arbeitgebers, die nicht selbst Mitglied einer Gewerkschaft sind. Tarifverträge mit Regelungen zu Wochenarbeitszeit, Nachtruhe, Nachtarbeit,

[10] Dies ergibt sich auch schon aus Artikel 8 der Europäischen Menschenrechtskonvention. Weiterhin behandelt das schwedische Datenschutzgesetz (*personuppgiftslagen (1998:204) – PUL*) die Pflichten des Arbeitgebers bei der Behandlung von personenbezogenen, ganz oder teilweise automatisierten Daten der Arbeitnehmer. Weitere Ausführungen zum PUL können im Rahmen dieses Leitfadens nicht vorgenommen werden.

[11] Siehe hierzu die Entscheidungen des Arbeitsgerichts (*Arbetsdomstolen*) AD 2002 Nr. 51, AD 2001 Nr. 3, AD 1998 Nr. 97 und AD 1991 Nr. 45.

[12] Arbeitszeitgesetz (*arbetstidslagen* (*1982:673*)).

Wochenende und Pausen sind jedoch dann ungültig, wenn sie weniger vorteilhafte Regelungen als die Europäische Arbeitszeitrichtlinie (2003/88/EG) beinhalten.[13]

Zwischen Mitternacht und fünf Uhr morgens gilt in Schweden ein Nachtarbeitsverbot. Eine Ausnahme hiervon ist nur zulässig, wenn dies im Hinblick auf die Natur der Arbeit, einem öffentlichen Bedürfnis oder anderer besonderer Umstände erforderlich ist.[14]

Das schwedische Zentralamt für das Arbeitsumfeld (*Arbetsmiljöverket*) hat die Kontrollaufsicht über die Einhaltung der Regelungen des Arbeitszeitgesetzes. Die Behörde kann bei Vorliegen besonderer Gründe Dispens von den Regelungen zur Wochenarbeitszeit, zum Nachtarbeitsverbot und den Ruheregelungen erteilen, falls eine tarifvertragliche Lösung nicht möglich ist. Ein Dispens der Behörde darf die Arbeitnehmer nicht schlechter als die Regelungen in der Europäischen Arbeitszeitrichtlinie (2003/88/EG) stellen.[15] Vorsätzliche oder fahrlässige Verstöße des Arbeitgebers gegen die Regelungen des Arbeitszeitgesetzes können zu einem Bußgeld führen. Befolgt ein Arbeitgeber Verbote oder Anweisungen der Behörde nicht, kann dieses Verhalten mit Bußgeldern oder Gefängnisstrafe sanktioniert werden.[16]

Nach dem Arbeitszeitgesetz liegt die maximale Arbeitszeit pro Woche bei 40 Stunden.[17] Durch Individualvertrag oder Tarifvertrag kann jederzeit eine kürzere Wochenarbeitszeit vereinbart werden. Falls die besondere Natur der Arbeit oder die Arbeitsbedingungen dies erfordern, kann die Wochenarbeitszeit von 40 Stunden auch als Durchschnitt von einer vierwöchigen Arbeitszeit berechnet werden.[18]

Nach vielen Tarifverträgen für Arbeiter kann die Verteilung der Arbeitszeit durch lokale Tarifverträge zwischen dem Arbeitgeber und der lokalen Gewerkschaftsvereinigung im Unternehmen (*klubb*), im Betrieb oder zwischen Arbeitgeber und Arbeitnehmer direkt vereinbart werden. Wird keine der genannten Vereinbarungen abgeschlossen, gelten jeweils die Grundbedingungen des Tarifvertrags.

Einige Tarifverträge für Angestellte erlauben eine flexible Verteilung der Arbeitszeit im Rahmen eines lokalen Tarifvertrags oder durch individuelle Vereinbarung. Auch hier finden sich Arbeitszeitvorschriften für den Fall, dass solche Regelungen nicht zustande kommen.

Während einer 24-Stunden-Periode muss ein Arbeitnehmer eine zusammenhängende Ruhepause von mindestens elf Stunden haben. Abweichungen hiervon dürfen nur in unvorhersehbaren Ausnahmesituationen gemacht werden. Der Arbeitnehmer muss dann entsprechend mit Freizeit entschädigt werden.

Weiterhin muss ein Arbeitnehmer innerhalb einer Woche eine zusammenhängende Ruhepause von mindestens 36 Stunden haben.[19] Diese Ruhepause soll sich über das Wo-

---

[13] Arbeitszeitgesetz (*arbetstidslagen* (*1982:673*)) § 3 Absatz 3.

[14] Arbeitszeitgesetz (*arbetstidslagen* (*1982:673*)) § 13.

[15] Arbeitszeitgesetz (*arbetstidslagen* (*1982:673*)) §§ 20 und 19.

[16] Arbeitszeitgesetz (*arbetstidslagen* (*1982:673*)) §§ 22–24.

[17] Arbeitszeitgesetz (*arbetstidslagen* (*1982:673*)) § 5 Absatz 1.

[18] Arbeitszeitgesetz (*arbetstidslagen* (*1982:673*)) § 5 Absatz 2.

[19] Arbeitszeitgesetz (*arbetstidslagen* (*1982:673*)) § 14.

chenende erstrecken. Kann der Arbeitgeber aber einen Grund anführen, warum am Wochenende gearbeitet werden soll, kann diese Ruhepause auch an anderen Tagen erfolgen. Ein Sonntagsarbeitsverbot existiert in Schweden nicht.

Darüber hinaus darf ein Arbeitnehmer nicht mehr als fünf Stunden hintereinander ohne Pause arbeiten.[20] Weitere Vorgaben oder Einschränkungen macht das Arbeitszeitgesetz nicht.

Der Arbeitgeber kann grundsätzlich im Rahmen seines Weisungsrechts und unter Einhaltung der oben genannten gesetzlichen Regelungen mit einer Frist von zwei Wochen Änderungen bezüglich der normalen Arbeitszeit vornehmen. Zu beachten sind dabei betriebliche Mitbestimmungsfragen[21], die Regelungen des Kündigungsschutzgesetzes und die Bestimmungen des individuellen Arbeitsvertrags.

Unter Überstunden (*övertid*) wird die Arbeitszeit verstanden, welche die normale Arbeitszeit für Vollzeitarbeitskräfte übersteigt.[22] Für Arbeitnehmer in Teilzeit gelten hingegen die Regelungen zur Mehrarbeit (*mertid*).[23]

In einem Vierwochenzeitraum dürfen höchstens 48 Stunden als Überstunden oder Mehrarbeit bzw. 50 Stunden als Überstunden oder Mehrarbeit innerhalb eines Monats geleistet werden. Arbeitnehmer dürfen pro Jahr höchstens 200 Überstunden oder Mehrarbeit leisten.

Weitere 150 Überstunden pro Kalenderjahr sind beim Vorliegen besonderer Gründe zulässig und wenn die entstandene Situation nicht auf eine andere angemessene Weise gelöst werden kann.

Sog. Notfallüberstunden oder Notfallmehrarbeit sind ebenfalls zulässig und dürfen in dem für den jeweiligen Fall notwendigen Umfang abgeleistet werden. Diese Regelung ist jedoch nur für unvorhersehbare Ereignisse anwendbar. Der Arbeitgeber darf nicht von vorneherein mit diesen Notfallüberstunden rechnen.[24]

Aufgrund seines Weisungsrechts hat der Arbeitgeber, wenn ein entsprechender Bedarf gegeben ist, grundsätzlich das Recht, Überstunden anzuordnen.[25] Dieses Recht kann sich auch aus dem individuellen Arbeitsvertrag oder dem Tarifvertrag ergeben. Ansonsten sind für die Beurteilung, ob Überstunden angeordnet werden können, die Branchenpraxis oder die betriebliche Übung heranzuziehen.

Überstunden dürfen nach dem Arbeitszeitgesetz nicht regelmäßig eingeplant oder in anderer Weise dauerhaft verlangt werden. Zudem muss der Arbeitgeber, sofern möglich, den Überstundenbedarf rechtzeitig ankündigen. Er hat zugleich ein entsprechendes Verzeichnis über die Überstunden und die Mehrarbeit zu führen. Der Arbeitnehmer und seine gewerkschaftliche Vertretung haben das Recht auf Einsicht in dieses Verzeichnis.

---

[20] Arbeitszeitgesetz (*arbetstidslagen* (*1982:673*)) § 15.
[21] Dazu mehr unter § 2 Kollektives Arbeitsrecht.
[22] Arbeitszeitgesetz (*arbetstidslagen* (*1982:673*)) § 7.
[23] Arbeitszeitgesetz (*arbetstidslagen* (*1982:673*)) § 10.
[24] Arbeitszeitgesetz (*arbetstidslagen* (*1982:673*)) §§ 8, 8a, 10 und 10a.
[25] So das Arbeitsgericht (*Arbetsdomstolen*) AD 1989 Nr. 70.

Viele Tarifverträge geben dem Arbeitgeber das Recht, im Rahmen seines Weisungsrechts kurzfristig Überstunden anzuordnen. Der Arbeitnehmer kann hiergegen jedoch Hinderungsgründe geltend machen. Dies kann zum Beispiel der Fall sein, wenn ein Elternteil niemanden hat, der sich um das/die Kind/er kümmert, wenn er Überstunden leisten soll. Entscheidet der Arbeitgeber nach einer Abwägung seiner und der Interessen des Arbeitnehmers, dass Überstunden dennoch ausgeführt werden müssen, darf der Arbeitnehmer sich nicht weigern, diese Überstunden zu erbringen. Der Arbeitgeber darf sein Weisungsrecht allerdings nicht wider besseres Wissen ausüben oder den guten Sitten am Arbeitsmarkt zuwider handeln.

Teilzeittätigkeit ist in Schweden seit vielen Jahren üblich. In Schweden gibt es allerdings anders als in Deutschland kein gesetzlich verankertes Recht auf Teilzeit. Nur Eltern mit Kindern unter acht Jahren haben das Recht, ihre Arbeitszeit auf 75 Prozent zu reduzieren.

Arbeitnehmer in Teilzeit haben innerhalb des Betriebs das Recht auf einen höheren Beschäftigungsgrad, wenn sie dies dem Arbeitgeber mitgeteilt haben und der Arbeitgeber Bedarf an einer weiteren Arbeitskraft hat, der durch den Einsatz des Teilzeitbeschäftigten gedeckt werden kann. Der Arbeitnehmer muss zudem ausreichende Qualifikationen für diese Tätigkeit vorweisen.[26] Das gleiche gilt für Teilzeitbeschäftigte mit einer befristeten Anstellung, sofern sich der höhere Beschäftigungsgrad auf die Zeit innerhalb der Befristung bezieht.

3.3 Lohn

Der Begriff Lohn umfasst in Schweden die Bezahlung in Geld, die ein Arbeitnehmer regelmäßig von seinem Arbeitgeber in Form eines Monats- oder Stundenlohns erhält. In der Baubranche erfolgt bei Tarifvertragsbindung eine Bezahlung der Arbeiter nach Akkord. Angestellte erhalten ihren Lohn als Monatslohn. Häufig erhalten diese einen Teil ihres Lohns auch als Provision oder Bonus. Einen gesetzlichen Mindestlohn gibt es anders als in Deutschland nicht.

Der Zeitpunkt und die Art und Weise der Lohnauszahlung ist in Schweden gesetzlich nicht geregelt, sondern wird traditionellerweise den Tarifvertragsparteien überlassen. Die Tarifbestimmungen gelten auch für Mitarbeiter des tarifgebundenen Arbeitgebers, die nicht Gewerkschaftsmitglied sind. Für Unternehmen, die keiner tarifvertraglichen Bindung unterliegen, wird bei Fragen zum Lohn auf den individuellen Arbeitsvertrag zurückgegriffen. Ansonsten orientieren sich die Gerichte bei Lohnstreitigkeiten an den Regelungen des am nächsten liegenden Tarifvertrages, auch wenn keine Tarifbindung besteht.

Der Lohn sollte im Arbeitsvertrag in der Landeswährung Schwedens in SEK und nicht in EURO angegeben und auch in SEK ausgezahlt werden. Hintergrund ist unter anderem, dass dem Arbeitnehmer das Währungsrisiko nicht aufgebürdet werden kann.

[26] Kündigungsschutzgesetz *(lag (1982:80) om anställningsskydd – LAS*) § 25a.

In Schweden gibt es im Gegensatz zu vielen anderen Rechtsordnungen wie schon gesagt kein gesetzlicher Mindestlohn. Ein solcher findet sich jedoch in vielen Tarifverträgen. Besteht keine tarifliche Bindung, können sich Arbeitgeber und Arbeitnehmer frei über den Lohn einigen, solange dieser angemessen ist. Zur Bestimmung der Angemessenheit ziehen die Gerichte allerdings die Regelungen des am nächsten gelegenen Tarifvertrags heran oder stellen einen Lohnvergleich mit ähnlichen Arbeiten am gleichen Ort an.[27]

Jährliche Gehaltsgespräche wegen eventueller Lohnerhöhungen sind bei Angestellten üblich. Tarifverträge für Angestellte geben hier meist Verhandlungsregelungen oder Mindesterhöhungen vor. Bei Arbeitern geben die Tarifverträge ebenfalls jährliche Mindestlohnerhöhungen vor.

In der Regel enthalten die Tarifverträge Bestimmungen zum Zeitpunkt der Lohnauszahlung. Liegt keine Tarifvertragsbindung vor und fehlt eine Regelung im Arbeitsvertrag, orientiert sich der Zeitpunkt der Lohnauszahlung an den Gebräuchen im Unternehmen oder der Branche. In der Praxis empfiehlt sich die Aufnahme einer Klausel mit dem Hinweis, dass der Lohn zum Ende des jeweiligen Monats ausgezahlt wird. Üblicherweise erfolgt die Lohnauszahlung zum Fünfundzwanzigsten eines Monats, bzw. am Werktag zuvor, wenn der Fünfundzwanzigste ein Samstag, Sonn- oder Feiertag ist.

Erfolgt die Auszahlung des Lohns verspätet, kann bei einer Tarifbindung eine Schadensersatzverpflichtung des Arbeitgebers entstehen.[28] Zudem hat der Arbeitnehmer Anspruch auf Verzugszinsen. Darüber hinaus können die Gewerkschaften sogar Arbeitskampfmaßnahmen ergreifen, um die Auszahlung einer unbestrittenen und fälligen Lohnforderung zu erreichen (sog. *indrivningsblockad*).[29]

Wird der Lohn nicht rechtzeitig gezahlt, handelt es sich um eine grobe Pflichtverletzung des Arbeitgebers, weshalb der Arbeitnehmer seine Arbeit niederlegen kann, ohne dass dadurch das Anstellungsverhältnis beendet wird. Der Arbeitnehmer hat zudem das Recht, seine Anstellungsverhältnis fristlos zu kündigen.

Ist die Gewerkschaft, mit welcher der Arbeitgeber einen Tarifvertrag abgeschlossen hat, der Ansicht, dass einem Mitglied zu wenig oder zu viel Lohn ausgezahlt wurde, muss sie den Arbeitgeber hierüber informieren. Der Arbeitgeber muss dann unverzüglich Verhandlungen wegen der Lohnfrage mit der Gewerkschaft beantragen. Tut er das nicht, ist er verpflichtet, den Lohn, den die Gewerkschaft verlangt, auszuzahlen.[30]

Für Überstunden gilt Folgendes: Fehlt eine tarifvertragliche oder individualvertragliche Regelung bezüglich der Vergütung von Überstunden, muss der Arbeitgeber diese nur dann vergüten, wenn er die Überstunden angeordnet hat oder sie aufgrund eines ausdrücklichen oder stillschweigenden Wunsches des Arbeitgebers erfolgen. Ein Recht auf Überstundenvergütung liegt dagegen in der Regel nicht vor, wenn der Arbeitnehmer selbst über seine Arbeitszeit verfügen kann. Vielmehr wird hierbei davon ausgegangen, dass Überstunden

---

[27] Siehe Arbeitsgericht (*Arbetsdomstolen*) AD 2003 Nr. 1, AD 1991 Nr. 26 und AD 1983 Nr. 130.

[28] Betriebliches Mitbestimmungsgesetz (*medbestämmandelagen – MBL*) §§ 54 und 55.

[29] Betriebliches Mitbestimmungsgesetz (*medbestämmandelagen – MBL*) § 41 Absatz 3.

[30] So das Betriebliche Mitbestimmungsgesetz (*medbestämmandelagen – MBL*) § 35.

durch Freizeit ausgeglichen werden. Der Arbeitgeber kann aber im Rahmen seines Weisungsrechts einen Ausgleich in Freizeit verweigern und stattdessen eine Entschädigung in Geld vornehmen. Auf der anderen Seite kann der Arbeitgeber einen Ausgleich in Freizeit nicht erzwingen, wenn der Arbeitnehmer eine Auszahlung in Geld wünscht.[31]

Fehlt eine tarifvertragliche Bindung, so können Arbeitgeber und Arbeitnehmer sich darauf einigen, dass keine Vergütung von Überstunden erfolgt. In der Praxis wird dem Arbeitnehmer dann vielfach ein höheres Gehalt und/oder eine weitere Urlaubswoche zugestanden. Dieses Vorgehen wird erfahrungsgemäß nur bei Angestellten angewandt.

Überstunden werden in Tarifverträgen für Arbeiter in der Regel zum einen mit einer Überstundenzulage und zum anderen mit dem Lohn für die gearbeitete Zeit ersetzt. Wird die Arbeitszeit auf abends, nachts, das Wochenende oder Feiertage verlegt, wird in Schweden der Begriff unbequeme Arbeitszeit (*obekväm arbetstid*) verwendet. Tarifverträge für Arbeiter sehen hier Zuschläge vor. Zuschläge für unbequeme Arbeitszeit und Überstundenzuschläge können nicht gleichzeitig entstehen.

Eine Voraussetzung für das Recht auf Lohn ist die Pflicht des Arbeitnehmers, dem Arbeitgeber für die Ausübung seiner Tätigkeit zur Verfügung zu stehen. Ist dies zum Beispiel aufgrund von schlechten Wetterbedingungen – z. B. wegen eines Schneesturms – nicht möglich, so besteht kein Entgeltanspruch für die wetterbedingte Abwesenheit.[32] Gleiches gilt, wenn sich der Arbeitnehmer weigert, eine Tätigkeit auszuführen, die im Rahmen seiner Arbeitspflicht liegt.

Der Arbeitnehmer kann zukünftige Lohnansprüche nicht mit verbindlicher Wirkung an Dritte verpfänden. Diese Regel wurde aus sozialer Rücksicht auf den Arbeitnehmer, aber auch aus Rücksicht auf den Arbeitgeber geschaffen. Hintergrund ist, dass ein Arbeitnehmer, der seinen Lohn vor Auszahlung übertragen hat, in der Regel weniger motiviert ist, zu arbeiten.

Hat der Arbeitnehmer vom Arbeitgeber versehentlich ein höheres Gehalt bekommen, als ihm zusteht, muss er dieses grundsätzlich zurückerstatten. In der Regel erfolgt dies durch einen entsprechenden Lohnabzug bei der nächsten Lohnauszahlung. Nur wenn der Arbeitnehmer hinsichtlich der Zahlung gutgläubig war, er also nicht erkannt hat oder erkennen konnte, dass die Auszahlung falsch war, und er das Geld verbraucht hat, besteht keine Rückzahlungspflicht.[33]

Eine Aufrechnung (*kvittning*) des Arbeitgebers mit Forderungen gegen den Arbeitnehmer und ein damit verbundener Lohnabzug darf nur erfolgen, wenn der Arbeitnehmer dem zugestimmt hat (freiwillige Aufrechnung).[34] Der Arbeitnehmer kann diese Zustimmung jederzeit widerrufen. Im Streitfall trägt der Arbeitgeber die Beweislast, dass der Arbeitnehmer der Aufrechnung zugestimmt hat. Allerdings kann der Arbeitgeber auch ohne Zustimmung des Arbeitnehmers in bestimmten Fällen mit einer unbestrittenen und

---

31 So das Arbeitsgericht (*Arbetsdomstolen*) AD 1995 Nr. 112.

32 So das Arbeitsgericht (*Arbetsdomstolen*) AD 1977 Nr. 202.

33 Siehe Arbeitsgericht (*Arbetsdomstolen*) AD 1993 Nr. 170 mit weiteren Hinweisen.

34 Gesetz über das Recht zur Aufrechnung des Arbeitgebers (*lag (1970:215) om arbetsgivarens kvittningsrätt*) § 2.

fälligen Forderung gegenüber dem Arbeitnehmer aufrechnen (erzwungene Aufrechnung). Dies ist der Fall, wenn sich die Forderung entweder (1) auf einen Vertrag bezieht, der eine Aufrechnung ermöglicht, (2) den Ersatz eines Schadens umfasst, den der Arbeitnehmer dem Arbeitgeber vorsätzlich zugefügt hat oder (3) eine Aufrechnungsmöglichkeit in einem zentralen Tarifvertrag verankert ist.[35] Bei der erzwungenen Aufrechnung muss der Versorgungsgrundbedarf des Arbeitnehmers und seiner Familie gewahrt werden.[36] Letzteres gilt auch bei der Verpfändung von Lohnansprüchen.

Im Fall der Insolvenz des Arbeitgebers gehören die Lohnforderungen zu den sog. priorisierten Forderungen. Hiervon umfasst sind jedoch nur solche Lohnforderungen, die nicht mehr als drei Monate vor dem Insolvenzbeschluss entstanden sind. Für die Höhe der Lohnforderungen gibt es Höchstgrenzen. Zudem haben die Forderungen nur dann einen Wert, wenn die Löhne noch aus der Insolvenzmasse gezahlt werden können. Um dies sicherzustellen, gibt es zudem eine staatliche Lohngarantie für den Insolvenzfall des Arbeitgebers. Allerdings gelten auch hier die betragsmäßigen Höchstgrenzen für die Auszahlung der Löhne.

3.4 Krankheit

Ein Arbeitnehmer kann selbst entscheiden, ob er im Krankheitsfall der Arbeit fernbleibt. Erst ab dem achten Krankheitstag muss er ein ärztliches Attest beibringen.[37] Regelungen im Arbeitsvertrag, die bereits nach drei Tagen ein ärztliches Attest verlangen, sind unwirksam, da von den zentralen Schutzbestimmungen des Krankengeldgesetzes individualvertraglich nicht zum Nachteil des Arbeitnehmers abgewichen werden darf. Stattdessen können Abweichungen zum Nachteil des Arbeitnehmers hinsichtlich einzelner, konkret bestimmter Vorschriften ausschließlich durch zentral geschlossene oder genehmigte Tarifverträge erfolgen.[38]

Gleichwohl darf der Arbeitgeber in besonderen und engen Ausnahmefällen bereits am ersten Krankheitstag ein ärztliches Attest verlangen.[39] Hierzu zählen der Verdacht, dass der Arbeitnehmer Drogenprobleme haben könnte, oder wenn andere Gründe der Abwesenheit zugrunde liegen.

Bleibt der Arbeitnehmer der Arbeit ohne ärztliches Attest krankheitsbedingt länger als sieben Tage fern, hat er kein Recht auf den Bezug von Krankenlohn.

In Schweden gibt es keine volle Lohnfortzahlung im Krankheitsfall. Vielmehr zahlt der Arbeitgeber dem Arbeitnehmer vom 2. bis zum 14. Krankheitstag einen Krankenlohn

[35] Gesetz über das Recht zur Aufrechnung des Arbeitgebers (*lag (1970:215) om arbetsgivarens kvittningsrätt*) § 4.

[36] Gesetz über das Recht zur Aufrechnung des Arbeitgebers (*lag (1970:215) om arbetsgivarens kvittningsrätt*) § 6.

[37] Gesetz über Krankengeld (*lag (1991:1047) om sjuklön*) § 8.

[38] Gesetz über Krankengeld (*lag (1991:1047) om sjuklön*) § 2.

[39] Gesetz über Krankengeld (*lag (1991:1047) om sjuklön*) § 10a.

(*sjuklön*) in Höhe von 80 Prozent des Gehalts. Das Recht auf Krankenlohn entsteht bereits mit dem ersten Anstellungstag. Der erste Krankheitstag gilt jedoch als Karenztag, so dass der Arbeitnehmer für diesen Tag weder Lohn noch Krankenlohn erhält.

Die Anzahl der Karenztage ist für den Arbeitnehmer auf eine Höchstgrenze von zehn Karenztagen pro Jahr beschränkt.[40] Erkrankt er innerhalb von fünf Tagen nach dem Ende einer Krankheitsperiode erneut, entsteht ebenfalls kein neuer Karenztag.

Ein Arbeitgeber muss auch dann keinen Krankenlohn zahlen, wenn der Arbeitnehmer sich die Krankheit bei einer vorsätzlichen Straftat, für die er rechtskräftig verurteilt wurde, zugezogen hat oder dem Arbeitgeber vorsätzlich oder grob fahrlässig falsche Angaben bezüglich seiner Krankheit gemacht hat.[41]

Dauert eine Krankheit länger als 14 Kalendertage an, muss der Arbeitgeber dies dem Schwedischen Sozialversicherungsamt (*Försäkringskassan*) melden.[42] Vom 15. Krankheitstag an erhält der Arbeitnehmer vom Sozialversicherungsamt dann ein Krankengeld (*sjukpenning*) in Höhe von etwa 80 Prozent des Gehalts, jedoch nie mehr als 2240 EUR pro Monat (Stand 2015) und höchstens 75 EUR pro Tag.

In vielen Tarifverträgen werden die Arbeitgeber verpflichtet, ihren Mitarbeitern im Krankheitsfall auch nach dem 14. Krankheitstag einen sog. Krankenlohn ergänzend zum Krankengeld des Sozialversicherungsamtes zu zahlen. Dieser Krankenlohn beträgt in der Regel zehn Prozent des Gehalts und wird für die Dauer von 90 Tagen gezahlt. Für länger andauernde Krankheiten beinhalten viele Tarifverträge und betriebliche Altersvorsorgeversicherungen Regelungen hinsichtlich ergänzender Zahlung eines Krankenlohns.

Mit der sog. Rehabilitationskette sollen längere Krankschreibungen minimiert werden. Diese Kette wird in drei Stufen unterteilt, wobei das Schwedische Sozialversicherungsamt auf jeder Stufe separat die Arbeitsmöglichkeiten des Arbeitnehmers und damit sein Recht auf Krankengeld überprüft.

- Stufe 1: Während der ersten 90 Tage der Krankschreibung prüft das Sozialversicherungsamt, ob der Arbeitnehmer seine normale Arbeit bei seinem Arbeitgeber ausführen kann.
- Stufe 2: Zwischen dem 91. und 180. Krankheitstag wird untersucht, ob der Arbeitnehmer eine andere Tätigkeit bei seinem Arbeitgeber ausführen kann.
- Stufe 3: Ab dem 181. Krankheitstag wird geprüft, ob der Arbeitnehmer eine Tätigkeit bei anderen Arbeitgebern ausüben könnte.

Sofern eine Stufe bejaht wird, hat der Arbeitnehmer kein Recht auf Krankengeld.

Das Krankengeld soll für einen Zeitraum von maximal 364 Tagen gezahlt werden. Nur bei Vorliegen besonderer Umstände zahlt das Schwedische Sozialversicherungsamt für weitere 550 Tage ein sog. verlängertes Krankengeld. Kann davon ausgegangen werden, dass ein Arbeitnehmer im Alter zwischen 30 und 64 Jahren aufgrund von Krankheit, ei-

[40] Gesetz über Krankengeld (*lag (1991:1047) om sjuklön*) § 6.
[41] Gesetz über Krankengeld (*lag (1991:1047) om sjuklön*) § 5.
[42] Gesetz über Krankengeld (*lag (1991:1047) om sjuklön*) § 12.

ner Verletzung oder einer Behinderung nicht mehr in der Lage ist, in vollem Umfang zu arbeiten, so kann er einen sog. Krankenzuschuss (*sjukersättning*) in Höhe von maximal 64 Prozent seines Gehalts, jedoch nicht mehr als 1870 EUR monatlich erhalten.

Der Arbeitnehmer muss bei seiner Erkrankung den Arbeitgeber schriftlich über seine Krankheit und den Umfang seiner Arbeitsunfähigkeit, nicht jedoch über die Art der Krankheit informieren.[43] Im Unternehmen sollte im Personalhandbuch oder an anderer Stelle geregelt werden, wie die Meldung aussieht und an wen sie im Unternehmen gerichtet werden soll.

Der Arbeitnehmer ist zudem verpflichtet, an seiner Rehabilitation aktiv mitzuwirken, an den Besprechungen mit dem Arbeitgeber und dem Schwedischen Sozialversicherungsamt teilzunehmen, sich den Behandlungen im Rahmen der Rehabilitation zu unterwerfen und die hierfür notwendigen Informationen zu liefern. Wirkt der Arbeitnehmer ohne nachvollziehbare Gründe nicht an der Rehabilitation aktiv mit, liegt in der Regel ein Kündigungsgrund vor.

Grundsätzlich stellt eine Krankheit in Schweden keinen Kündigungsgrund dar. Erst wenn die Krankheit eine dauernde Minderung des Arbeitsvermögens des Arbeitnehmers mit sich führt, die so wesentlich ist, dass er gar nicht mehr in der Lage ist, seine Arbeitsleistung zu erbringen, ist eine Kündigung zulässig. Voraussetzung hierfür ist die Erfüllung der oben genannten Rehabilitationspflicht des Arbeitgebers.[44] Diese umfasst auch die Pflicht, einem Arbeitnehmer eine andere Tätigkeit in seinem Betrieb, die der Arbeitnehmer ausüben kann, anzubieten oder einen Arbeitsplatz so auszugestalten, dass der Mitarbeiter seiner Tätigkeit wieder nachgehen kann.

Entscheidet das Schwedische Sozialversicherungsamt verbindlich, dass ein Arbeitnehmer nicht mehr arbeiten kann und genehmigt diesem einen zeitlich unbefristeten Krankenzuschuss, kann der Arbeitgeber das Arbeitsverhältnis mit dem Arbeitnehmer kündigen.

3.5 Wettbewerbsverbot

Ausfluss der Loyalitätspflicht des Arbeitnehmers gegenüber dem Arbeitgeber ist das Wettbewerbsverbot. So darf ein Arbeitnehmer während seiner Anstellung weder Tätigkeiten nachgehen, die mit der Tätigkeit des Arbeitgebers konkurrieren noch Wettbewerber über wichtige betriebliche Fragen informieren. Wenn mit der konkurrierenden Tätigkeit ein augenscheinliches Risiko für einen bedeutenden Schaden des Arbeitgebers gegeben ist, liegt in der Regel ein Grund für eine fristlose Kündigung vor.[45] Je höher die Position eines Mitarbeiters ist, desto höher sind auch die Anforderungen an den Mitarbeiter, im Rahmen seiner Loyalitätspflicht nicht mit dem Arbeitgeber in Wettbewerb zu treten.

[43] Gesetz über Krankengeld (*lag (1991:1047) om sjuklön*) § 9.
[44] Diese Pflichten ergeben sich aus dem Arbeitsumweltgesetz (*arbetsmiljölag (1977:1160) – AML*) und dem Gesetz über die allgemeine Versicherung (*lag om allmän försäkring (1962:381)*).
[45] Siehe zum Beispiel die Entscheidungen des Arbeitsgerichts (*Arbetsdomstolen*) AD 1980 Nr. 82, AD 1982 Nr. 39 und AD 1982 Nr. 42.

Mit der Beendigung des Arbeitsverhältnisses finden in der Regel auch die gegenseitigen Verpflichtungen der Parteien ein Ende. Will der Arbeitgeber sich gegen den Wettbewerb seines ehemaligen Mitarbeiters schützen und verhindern, dass dieser eine Tätigkeit bei einem Wettbewerber aufnimmt oder auf andere Art und Weise in Wettbewerb zum Arbeitgeber tritt, muss er eine entsprechende vertragliche Vereinbarung mit dem Mitarbeiter treffen. Nur das Gesetz zum Schutz für Betriebsgeheimnisse (*lagen om skydd för företagshemligheter*)[46] gilt für die Zeit während und nach der Anstellung. Das Gesetz schützt einen Unternehmer vor widerrechtlichen Angriffen auf dessen Betriebsgeheimnisse und stellt diese Angriffe unter Strafe.

Ein nachvertragliches Wettbewerbsverbot muss folgende Voraussetzungen erfüllen, um vor Gericht Bestand zu haben: Zum einen muss das Arbeitsverhältnis vonseiten des Arbeitnehmers beendet worden sein. Darüber hinaus muss die Wettbewerbsklausel an sich angemessen sein. Dies ist der Fall, wenn sie sich höchstens über einen Zeitraum von zwei Jahren erstreckt. In der Praxis empfiehlt sich allerdings eine Beschränkung auf höchstens ein Jahr. Zudem muss der ehemalige Mitarbeiter eine angemessene finanzielle Entschädigung für seine Einschränkungen durch das Wettbewerbsverbot erhalten.[47] Dabei wird auch heute noch auf einen Tarifvertrag von 1969[48] über Wettbewerbsklauseln zurückgegriffen. Dieser enthält eine Musterklausel zur Formulierung von nachvertraglichen Wettbewerbsklauseln. In der Praxis empfiehlt sich bei der Formulierung von Wettbewerbsklauseln, diese Musterklausel so weit wie möglich zu übernehmen, insbesondere da die Gerichte im Fall einer unzulässigen Teilregelung einer Wettbewerbsklausel in der Regel die gesamte Wettbewerbsvereinbarung für unzulässig erklären. Im Übrigen werden auch außertarifvertragliche Wettbewerbsklauseln anhand dieses Tarifvertrags von 1969 geprüft.

Nachvertragliche Wettbewerbsverbote sollten restriktiv genutzt werden. Den größten Nutzen von einem solchen Verbot haben in der Regel nur Unternehmen, die von einer selbständigen Produkt- und Methodenentwicklung abhängig sind und Produktionsgeheimnisse oder anderes, damit vergleichbares unternehmensspezifisches Know-how haben und die Kenntnis dieser Geheimnisse oder des Know-hows durch einen Wettbewerber dem Unternehmen einen erheblichen Schaden zufügen könnte.

Eine nachvertragliche Wettbewerbsklausel enthält in der Regel das Recht des Arbeitgebers, vom ehemaligen Arbeitnehmer bei Verstoß gegen das Wettbewerbsverbot eine Vertragsstrafe (*vite*) zu verlangen. Diese sollte maximal sechs Monatslöhne betragen.

In Schweden werden anstelle von Wettbewerbsverboten vermehrt sog. Abwerbeverbote (*värvningsförbud, non-solicitation clause*) in Anstellungsverträgen vereinbart. Damit wird dem Arbeitnehmer für einen Zeitraum von in der Regel sechs bis zwölf Monaten nach Beendigung seiner Anstellung untersagt, Kunden oder andere Mitarbeiter des Arbeitgebers abzuwerben. Dem Arbeitnehmer wird also nicht die Tätigkeit als Wettbewerber an sich

[46] *Lag om skydd för företagshemligheter (1990:409);* in englischer Sprache unter http://www.wipo.int/wipolex/en/text.jsp?file_id=241716.

[47] Die Kompensation sollte 60 Prozent des früheren Monatslohns des Mitarbeiters nicht übersteigen.

[48] *Överenskommelse om konkurrensklausuler mellan SAF och SIF/SALF/CF* vom 14. Dezember 1969 zwischen *Teknikarbetsgivarna* und *Tjänstemannaorganisationerna.*

verboten. Der Arbeitgeber muss den Arbeitnehmer auch nicht wie beim nachvertraglichen Wettbewerbsverbot finanziell entschädigen. Die Gerichte legen an Abwerbeverbote nicht die gleichen strengen Maßstäbe an wie an nachvertragliche Wettbewerbsverbote. Nur wenn der Arbeitgeber eine dominierende Markstellung oder mit den meisten potentiellen Kunden im Segment Beziehungen hat, kann ein Abwerbeverbot einem nachvertraglichen Wettbewerbsverbot gleichgestellt werden.

3.6 Nebentätigkeit

Unter einer Nebentätigkeit wird jede gelegentliche oder dauerhafte Tätigkeit verstanden, die neben der Anstellung ausgeübt wird und sich nicht auf das Privatleben bezieht.[49]

Ein Arbeitnehmer hat grundsätzlich das Recht, selbst über Tätigkeiten in seiner Freizeit zu bestimmen, solange sein Verhalten das Vertrauen seines Arbeitgebers nicht schädigt, der Arbeitgeber in ein schlechtes Licht gestellt wird oder er eine mit dem Arbeitgeber konkurrierende Tätigkeit betreibt.[50] Ein Arbeitnehmer hat demzufolge grundsätzlich das Recht, einer Nebentätigkeit nachzugehen. In der Praxis empfiehlt sich diesbezüglich die Aufnahme einer Klausel im Arbeitsvertrag, die festlegt, welche Rechte und Pflichten der Arbeitnehmer in dieser Hinsicht hat und insbesondere eine Pflicht des Arbeitnehmers einführt, den Arbeitgeber über Nebentätigkeiten zu informieren und gegebenenfalls seine Einwilligung einzuholen.

In Tarifverträgen wird häufig geregelt, dass ein Arbeitnehmer keiner Nebentätigkeit nachgehen darf, die sich nachteilig auf die Arbeit auswirkt. So kann ein Verkäufer in seiner Freizeit zum Beispiel einen eigenen landwirtschaftlichen Betrieb unterhalten. Wenn aber die Nebentätigkeit in der Landwirtschaft dazu führt, dass er seine normale Arbeit nicht mehr ordentlich ausführt, kann der Arbeitgeber dem Mitarbeiter mitteilen, dass die Nebentätigkeit nicht mehr erlaubt ist. Fährt der Mitarbeiter mit seiner Nebentätigkeit dennoch fort, kann er unter Umständen aus verhaltensbedingten Gründen gekündigt werden.

3.7 Änderungen

Von Änderungen des Arbeitsverhältnisses abzugrenzen sind einseitige Regelungen und Vorschriften des Arbeitgebers, die dieser im Rahmen seines Weisungsrechts einführt. Dies können Regelungen zu der Art und Weise, wie die Arbeit ausgeführt werden soll, oder reine Ordnungsvorschriften sein. Verstöße des Arbeitnehmers gegen diese Regelungen können im Extremfall zur Kündigung durch den Arbeitgeber führen. Auch einseitige freiwillige Leistungen des Arbeitgebers können von diesem einseitig im Rahmen seines

[49] Siehe auch: D'Oliwa/Flemström, *Rätt Arbetsrätt 2015,* S. 167.

[50] Siehe zum Beispiel die Entscheidung des Arbeitsgerichts (*Arbetsdomstolen*) AD 1993 Nr. 228 und AD 2013 Nr. 25 sowie Källström/Malmberg, *Anställningsförhållandet,* S. 251 und D'Oliwa/Flemström, *Rätt Arbetsrätt 2015,* S. 167.

Weisungsrechts wieder aufgehoben oder geändert werden. Voraussetzung hierfür ist, dass der Arbeitgeber bei der Einführung der Leistung deutlich gemacht hat, dass er diese Änderung jederzeit einseitig wieder aufheben oder ändern kann. Handelt es sich hingegen um Leistungen, die der Arbeitgeber allen Arbeitnehmern gegenüber bekanntgegeben hat, kann ein Arbeitnehmer einen Anspruch auf diese Leistung haben.

Ein Arbeitsverhältnis kann aus vielen Gründen geändert werden. Dies kann zum Beispiel eine Änderung in der Arbeitsrechtsgesetzgebung sein, die direkten Einfluss auf das Arbeitsverhältnis haben kann[51], oder eine Änderung in den tatsächlichen Verhältnissen, die dazu führen können, dass eine gesetzliche Regel, die vorher ausgeschlossen war, Anwendung findet.[52]

Eine Änderung von Anstellungsbedingungen darf grundsätzlich nicht als Disziplinarmaßnahme erfolgen, keinen diskriminierenden Zweck verfolgen oder gegen die guten Sitten und Gebräuche auf dem Arbeitsmarkt verstoßen.

Das wichtigste Mittel zur Änderung von Arbeitsverhältnissen sind die Tarifverträge. Diese sind zeitlich unabhängig von den Individualanstellungsverträgen. Durch den Abschluss eines neuen Tarifvertrages können sich auch die Arbeitsverhältnisse und Anstellungsbedingungen der einzelnen Arbeitnehmer ändern, ohne dass eine Änderung oder Kündigung des jeweiligen Arbeitsvertrages notwendig ist. Ein Arbeitgeber kann also durch Verhandlung mit den Gewerkschaften und dem Abschluss eines Tarifvertrages Änderungen der Arbeitsverhältnisse einer großen Gruppe von Arbeitnehmern herbeiführen.

Eine weitere Möglichkeit, die hauptsächlich für eine Änderung oder Streichung von geldwerten Vorteilen im Arbeitsvertrag genutzt werden kann, ist die Änderungskündigung. Hier will der Arbeitgeber meist aus wirtschaftlichen Gründen zum Beispiel den Dienstwagen, Essensgutscheine oder andere geldwerte Vorteile ändern oder streichen. Der Arbeitgeber kündigt den Arbeitsvertrag und bietet dem Mitarbeiter eine Neuanstellung ohne oder mit geändertem geldwerten Vorteil an. Nimmt der Mitarbeiter das Angebot nicht an, kann er im Prinzip betriebsbedingt wegen Arbeitsmangel gekündigt werden – natürlich unter Beachtung der Kündigungsschutzregelungen. Diese Möglichkeit der Änderung der Anstellungsbedingungen ist nur für geldwerte Vorteile oder andere Anstellungsbedingungen möglich, die sich auf den einzelnen Arbeitsvertrag beziehen und nicht durch einen Tarifvertrag geschützt sind.[53] Die Gründe, die den Arbeitgeber zur Vornahme der Änderungskündigung bewegen, dürfen ausschließlich betrieblicher und nicht personenbezogener Natur sein.

Arbeitgeber und Arbeitnehmer können jederzeit durch individuelle Vereinbarungen Änderungen des existierenden Arbeitsvertrages unter Beachtung der zwingenden gesetzlichen Regelungen und eventueller tarifvertraglicher Vorschriften vornehmen. Formerfor-

[51] Dies kann zum Beispiel die gesetzliche Änderung der Anzahl der Urlaubstage sein.

[52] Dies kann zum Beispiel der Fall sein, wenn ein Managervertrag soweit geändert wird, dass er in den Schutzbereich des Kündigungsschutzgesetzes fällt.

[53] Hierzu zum Beispiel das Urteil des Arbeitsgerichts (*Arbetsdomstolen*) AD 1993 Nr. 61.

dernisse bestehen nicht. Die Beweislast für den Nachweis der individuellen Vereinbarung liegt bei demjenigen, der die Änderung geltend macht.

Eine Vereinbarung über eine Änderung des Arbeitsvertrages kommt nur dann zustande, wenn beide Parteien mit der Änderung einverstanden sind.

Eine Änderung des Gehalts nach oben ist jederzeit möglich; eine Änderung nach unten ist nur dann zulässig, wenn der Arbeitnehmer zustimmt oder eine Änderungskündigung, wie oben unter Punkt 1 beschrieben, möglich ist. Vor allem für Arbeiter wird von einem starken Lohnschutz durch geltende Tarifverträge ausgegangen.

Die Länge der Arbeitszeit wird durch den einzelnen Arbeitsvertrag geregelt und kann nicht vom Arbeitgeber einseitig im Rahmen seines Weisungsrechts verändert werden. Will ein Arbeitgeber die Länge der Arbeitszeit dauerhaft abändern, muss er sich entweder mit dem Arbeitnehmer darüber einigen oder ihn unter Beachtung der Kündigungsschutzregelungen kündigen (Änderungskündigung). Dabei müssen die zwingenden arbeitsrechtlichen Regelungen beachtet werden.

Über die Arbeitszeitgestaltung hingegen, d. h. wann die Arbeit ausgeführt werden soll, kann der Arbeitgeber innerhalb der Grenzen des Arbeitszeitgesetzes[54] einseitig bestimmen. Änderungen in der Arbeitszeitgestaltung, welche diesen Rahmen beachten, werden im Rahmen des Weisungsrechts wahrgenommen und sind nur bedingt gerichtlich nachprüfbar.

Vorschriften zur Arbeitszeitgestaltung finden sich regelmäßig in Tarifverträgen. Wenn der Tarifvertrag keine Regelungen trifft oder der Arbeitgeber nicht durch einen Tarifvertrag gebunden ist, steht es diesem frei, den Beginn und das Ende der täglichen Arbeitszeit sowie die Pausen im Rahmen der zwingenden gesetzlichen Regelungen festzulegen. Hierbei müssen allerdings Branchenpraxis, betriebliche Übung und die Beschaffenheit der Arbeitsaufgaben berücksichtigt werden.

Bei der Änderung der Tätigkeit bzw. Arbeitsaufgaben wird in Schweden zwischen tarifvertraglichen Arbeitern und Angestellten unterschieden.

Für Arbeiter gilt dabei das sog. „29/29-Prinzip".[55] Danach muss ein Arbeiter gegen Bezahlung all die Tätigkeiten für den Arbeitgeber ausführen, die einen natürlichen Zusammenhang mit der Betriebstätigkeit des Arbeitgebers haben und der allgemeinen Berufsqualifikation des Arbeiters entsprechen. Das „29/29-Prinzip" kann auch für Arbeiter, die keinem Tarifvertrag unterfallen, angewandt werden. Die Möglichkeiten des Arbeitgebers, einem Arbeiter andere Arbeitsaufgaben zuzuweisen, sind also im Rahmen des „29/29-Prinzips" relativ umfassend.

Auch bei Angestellten wird von den Grundsätzen des „29/29-Prinzips" ausgegangen. In der Regel ist jedoch bei Angestellten aufgrund des Arbeitsvertrags die Anstellung an eine bestimmte Stelle oder an bestimmte Arbeitsaufgaben gebunden. Der Arbeitgeber kann daher in der Regel nicht ohne die Zustimmung des Angestellten dessen Arbeitsaufgaben

[54] Arbeitszeitgesetz (*arbetstidslagen* (*1982:673*)).

[55] Hierbei handelt es sich um ein Urteil aus dem ersten Jahr des schwedischen Arbeitsgerichts (*Arbetsdomstolen*) AD 1929 Nr. 29.

umfassend ändern. In der Praxis empfiehlt sich daher im Arbeitsvertrag die Aufnahme einer Klausel, die dem Arbeitgeber das Recht gibt, dem Angestellten auch andere Aufgaben zuzuweisen.

Selbst wenn eine Änderung der Anstellungsbedingungen nach dem oben genannten „29/29-Prinzip" möglich ist, verlangt die Rechtsprechung angemessene Gründe (*godtagbara skäl*) für diese Änderung, sofern diese eingreifende Auswirkungen auf den Arbeitnehmer hat. Diese Auswirkungen sind dann eingreifend, wenn sich die Anstellungsbedingungen verschlechtern und können sich zum Beispiel in geänderten Arbeitsaufgaben, Gehalt oder Arbeitszeiten zeigen. Kann der Arbeitgeber keine angemessenen Gründe nachweisen, ist die Veränderung der Anstellung einer Kündigung gleichzusetzen. Dieses sog. *bastubadarprincip*[56] gilt allerdings nur für Veränderungen in der Anstellung, die der Arbeitgeber aus personen- oder verhaltensbedingten Gründen vorgenommen hat. Betriebsbedingte Änderungen, wie sie zum Beispiel im Rahmen einer Umorganisation erfolgen können, unterfallen nicht diesem Prinzip.

Will der Arbeitgeber den Arbeitnehmer an einen anderen Ort versetzen, wird zunächst zu prüfen sein, ob im Arbeitsvertrag oder im einschlägigen Tarifvertrag Regelungen hierzu existieren. Fehlen diese, kann auf tarifvertragliche Grundsätze, betriebliche Übung oder Branchenpraxis zurückgegriffen werden. Ergeben sich auch hieraus keine Anhaltspunkte, kann davon ausgegangen werden, dass eine Anstellung nicht an einen bestimmten Arbeitsplatz gebunden und eine Versetzung an einen anderen Ort möglich ist. Dies gilt jedoch nur für Versetzungen innerhalb des gleichen Ortes oder in dessen Nähe, so dass ein tägliches Pendeln des Mitarbeiters ohne weiteres möglich sein muss.

In der Praxis empfiehlt es sich für Mitarbeiter, bei denen eine Versetzung nicht ausgeschlossen ist, bereits im Arbeitsvertrag die Möglichkeit einer Versetzung auch zu einem entfernteren Ort mit aufzunehmen. Die Übernahme eventueller Umzugskosten durch den Arbeitgeber ist ebenfalls zu empfehlen.

Literatur

Zitierte Literatur

D'Oliwa, Louise Ideström; Flemström, Stefan, *Rätt Arbetsrätt 2015*, Stockholm 2015

Källström, Kent; Malmström, Jonas, *Anställningsförhållandet*, 3. Auflage, Uppsala 2013

Öman, Sören, *Anställningsskyddspraxis*, 7. Auflage, Stockholm 2014

Empfohlene Literatur

Bylund, Bo, Viklund, Lars, *Arbetsrätt i praktiken – en handbok*, 16. Auflage Stockholm 2012

Fahlbeck, Reinhold, Mulder, Bernhard Johann, *Labour and Employment Law in Sweden*, Lund 2009

[56] Benannt nach einem Urteil des Arbeitsgerichts (*Arbetsdomstolen*) AD 1978 Nr. 89: Ein Arbeiter, der eine Maschine überwachen sollte, ging stattdessen in die Sauna (*bastu*). Der Arbeitgeber wies ihm daraufhin andere weniger qualifizierte Aufgaben zu. Weiterhin wurden seine Arbeitszeiten geändert und sein Lohn gesenkt.

Gellner, Lars, Sydolf Lars, *Swedish Labour Law – Svensk arbetsrätt*, Stockholm 2008

Iseskog, Tommy, *Personaljuridik*, 27. Auflage, Stockholm 2014

Nyholm, Jens; Sundin, Anna, *Anställda*, 18. Auflage, Stockholm 2014

Sigeman, Tore; Sjödin, Erik, *Arbetsrätten – En översikt*, 6. Auflage, Stockholm 2013

Teknikföretagen, *A Short Introduction to Swedish Labour Law – for Teknikföretagen Member Companies*, 2. Auflage, Stockholm 2010

4 Urlaub, Mutterschutz, Elternzeit und andere Freistellungen

4.1 Urlaub

Die Bestimmungen des schwedischen Urlaubsgesetzes (*semesterlagen*[1]) gelten für alle Arbeitnehmer – auch für leitende Angestellte. Von den zentralen Schutzbestimmungen dieses Gesetzes darf durch individualvertragliche Regelungen nicht zum Nachteil des Arbeitnehmers abgewichen werden.[2] Solche Abweichungen können hinsichtlich einzelner definierter Paragraphen ausschließlich durch zentral geschlossene oder genehmigte Tarifverträge erfolgen.[3] Diese Tarifverträge enthalten in aller Regel umfangreiche Regelungen zu Urlaub und Freistellung. Durch Individualvertrag darf vom Urlaubsgesetz abgewichen werden, soweit dies für den Arbeitnehmer eine im Vergleich zum Gesetz vorteilhaftere Lösung darstellt.

Der Arbeitnehmer hat einen gesetzlichen Anspruch auf mindestens 25 Urlaubstage pro Urlaubsjahr, d. h. der Arbeitgeber kann dem Arbeitnehmer jederzeit mehr Urlaub zugestehen. Urlaubstage sind in Schweden ausschließlich ganze Tage.

Der Arbeitgeber soll den Arbeitnehmer dazu anhalten, mindestens 20 dieser Urlaubstage jährlich in Anspruch zu nehmen. Fünf Urlaubstage pro Jahr darf der Arbeitnehmer über einen Zeitraum von fünf Jahren sparen und diese während oder nach Ablauf der fünf Jahre verbrauchen. Urlaub kann in Schweden nicht verfallen. Bestehen bei Beendigung einer Anstellung noch Resturlaubsansprüche des Arbeitnehmers, müssen diese ausgezahlt werden.

Erholungsurlaub soll in Höhe von vier Wochen während der Sommermonate, d. h. zwischen Juni und August genutzt werden. Diese Regelung muss als „nordische" Besonderheit verstanden werden. Die Schulferien erstrecken sich in Schweden über einen Zeitraum von zehn Wochen und im Juli ist ein Großteil der schwedischen Bevölkerung

[1] Urlaubsgesetz (*semesterlag* (*1977:480*)).
[2] Urlaubsgesetz (*semesterlag* (*1977:480*)) § 2.
[3] Urlaubsgesetz (*semesterlag* (*1977:480*)) § 2a.

Deutsch-Schwedische Handelskammer (Hrsg.), *Arbeitsrecht in Schweden*,
DOI 10.1007/978-3-658-10205-0_4

im Urlaub. Diese im Vergleich zu Deutschland lange Urlaubszeit mag im Hinblick auf die langen und dunklen Wintermonate in Schweden nachvollziehbar sein.

Das gesetzliche Urlaubsjahr erstreckt sich vom 1. April bis zum 31. März des Folgejahres. Im ersten Jahr (*intjänandeår*) erarbeitet der Arbeitnehmer den Anspruch auf den bezahlten Urlaub und kann diesen im Folgejahr – dem eigentlichen Urlaubsjahr (*semesterår*) – nutzen.

Beginnt ein Arbeitnehmer eine neue Anstellung nach dem 31. August, so hat er bis zu Beginn des neuen Urlaubsjahres nur Anspruch auf fünf unbezahlte Urlaubstage.

Diese kompliziert anmutenden Regelungen sollen anhand eines Beispiels erklärt werden: Der Arbeitnehmer beginnt am 1. November 2013 seine neue Anstellung und hat den gesetzlichen Jahresurlaubsanspruch von 25 Tagen. Bis zum 31. März 2014 kann er fünf unbezahlte Urlaubstage nutzen und arbeitet in diesem Zeitraum gleichzeitig bezahlte Urlaubstage in Höhe von 11 Tagen für das Folgejahr ein.[4] Er kann im Urlaubsjahr 1. April 2014 bis 31. März 2015 demnach 11 bezahlte und 14 unbezahlte Urlaubstage nutzen. Im gleichen Zeitraum arbeitet er wiederum 25 bezahlte Urlaubstage ein, die er im Urlaubsjahr 1. April 2015 bis 31. März 2016 in Anspruch nehmen kann.

Vielfach wird der Arbeitnehmer bereits im ersten Anstellungsjahr bezahlten Urlaub in Anspruch nehmen wollen, ohne diesen eingearbeitet zu haben. Hier kann der Arbeitgeber dem Arbeitnehmer sog. Vorschussurlaub (*förskottsemester*) gewähren. Beendet der Arbeitnehmer vor Ablauf von fünf Jahren seine Anstellung, kann der Arbeitgeber diesen Vorschuss mit noch ausstehendem Urlaubsgeld des Arbeitnehmers aufrechnen. Will er eine Aufrechnung mit noch ausstehendem Lohn vornehmen, muss dies vorher vertraglich zwischen den Parteien geregelt werden. Der Arbeitnehmer kann dieses Zugeständnis jedoch nach dem Aufrechnungsgesetz (*lag om arbetsgivares kvittningsrätt*) jederzeit widerrufen. Auch vor Ablauf von fünf Jahren darf eine Aufrechnung nicht vorgenommen werden, wenn die Beendigung der Anstellung aufgrund von Krankheit, aus betriebsbedingten Gründen oder wegen der Verletzung der Pflichten des Arbeitgebers erfolgt.

Arbeitgeber und Arbeitnehmer können sich auch darauf einigen, das Jahr, in welchem der Arbeitnehmer den Urlaub einarbeitet, und das Urlaubsjahr zusammenfallen zu lassen bzw. das Kalenderjahr als Urlaubsjahr wählen. In diesem Fall kann der Arbeitnehmer seinen Urlaub bereits nutzen, ohne ihn in Gänze eingearbeitet zu haben.

Die Auszahlung eines Urlaubsgelds ist in Schweden gesetzlich vorgeschrieben und erfolgt im Zusammenhang mit dem Urlaub. Das Urlaubsgeld wird also in der Praxis am Ende des Monats, in welchem der Urlaub genommen wurde, zusammen mit dem Lohn ausgezahlt. Die Berechnung des Urlaubsgelds erfolgt seit dem 1. April 2010 nach zwei verschiedenen Modellen – der sog. Prozentregel oder der Gleichlohnregel.

Die Prozentregel wird immer dann genutzt, wenn das Gehalt aus einem festen und einem variablen Teil besteht und der variable Teil mindestens zehn Prozent des Jahresgehalts

[4] Die bezahlten Urlaubstage werden folgendermaßen berechnet: 1. November 2012 bis 31. März 2013 = 151 Tage. 151 Tage werden durch 365 dividiert und mit dem Jahresurlaub multipliziert. Das Ergebnis von 10,34 Tagen wird aufgerundet.

ausmacht und nicht nur als einmalige jährliche Auszahlung erfolgt. Der Arbeitgeber kann das Urlaubsgeld aber auch immer nach der Prozentregel berechnen. Nach der Prozentregel entspricht der Urlaubslohn zwölf Prozent des Jahresgehalts des Vorjahrs (*semesterlön*).

Die Gleichlohnregel ist hingegen in der Anwendung einfacher. Danach erhält der Arbeitnehmer während des Urlaubs den gleichen Lohn und darüber hinaus noch ein Urlaubsgeld (*semestertillägg*) von 0,43 Prozent des Monatsgehalts pro Urlaubstag. Viele Tarifverträge beinhalten jedoch ein höheres Urlaubsgeld von 0,8 Prozent des Monatsgehalts pro Urlaubstag. Das Urlaubsgeld für variable Lohnbestandteile für einen im Übrigen nach der Gleichlohnregel berechneten Urlaub wird allerdings stets nach der Prozentregel berechnet.

Wird eine Anstellung beendet und existieren noch offene Urlaubstage, erfolgt eine Auszahlung über eine Urlaubskompensation (*semesterersättning*). Die Berechnung dieser Kompensation erfolgt nach den oben genannten Prinzipien. Es erfolgt also zunächst eine Auszahlung für die gesparten Urlaubstage in Form von Lohn sowie des Urlaubsgeldes für diese gesparten Urlaubstage.

4.2 Mutterschutz und Elternzeit

Das Elternzeitgesetz[5] regelt das Recht auf Elternzeit im Zusammenhang mit der Geburt des Kindes und den darauffolgenden Zeitraum. Es gibt verschiedene Formen der Elternzeit. Die wichtigsten sollen hier genannt werden:

In Schweden wird in der Praxis nicht zwischen den Begriffen Mutterschutz und Elternzeit unterschieden, vielmehr wird durchgehend der Begriff Elternzeit (*föräldraledighet*) genutzt. Nur im Gesetz wird der Begriff *mammaledighet* für die oben genannte Zeit von sieben Wochen vor und nach der Geburt des Kindes genutzt.[6]

Für Tätigkeiten, die durch schwangere Frauen, stillende Mütter oder Mütter, die vor weniger als 14 Wochen entbunden haben, ausgeführt werden, gibt es in Schweden besondere Schutzregelungen.[7] Diese Vorschriften gelten für fest angestellte Arbeitnehmerinnen und Leiharbeitnehmerinnen gleichermaßen.

Der Arbeitgeber ist verpflichtet, eine Bewertung vorzunehmen, inwieweit eine Tätigkeit für diese Arbeitnehmerinnen schädlich sein kann, und muss die Arbeitnehmerinnen hierüber informieren. Dies gilt zum Beispiel in Bezug auf Strahlung, extreme Wärme oder Kälte. Arbeiten mit Blei sind beispielsweise gänzlich verboten. Der Arbeitgeber muss diesen Arbeitnehmerinnen ferner die Möglichkeit einräumen, sich am Arbeitsplatz für kürzere Zeit hinlegen und ausruhen zu können.

[5] Elternzeitgesetz (*föräldraledighetslagen* (*1995:584*)).
[6] Elternzeitgesetz (*föräldraledighetslagen* (*1995:584*)) § 4.
[7] Diese finden sich in den Vorschriften des Zentralamts für Arbeitsumwelt (*Arbetsmiljöverkets föreskrifter och allmänna råd*) über schwangere und stillende Arbeitnehmerinnen (*AFS 2007:05*).

Nach dem Elternzeitgesetz hat eine schwangere Arbeitnehmerin in den letzten zwei Monaten der Schwangerschaft das Recht auf andere Arbeitsaufgaben, wenn sie ihre normalen Arbeitsaufgaben nicht mehr bewältigen kann. Das Gleiche gilt für schwangere Arbeitnehmerinnen, die aufgrund der Vorschriften zur Arbeitsumwelt bestimmte Tätigkeiten nicht ausüben dürfen.[8]

Zu beachten ist, dass schwangere Arbeitnehmerinnen in Schweden nicht wie in Deutschland sechs Wochen vor und acht Wochen nach der Entbindung Mutterschutz mit voller Lohnfortzahlung haben und ein Beschäftigungsverbot besteht. Eine schwangere Arbeitnehmerin hat in Schweden sieben Wochen vor und sieben Wochen nach der Geburt ihres Kindes das Recht auf Mutterschutz (*mammaledighet*). Zwei Wochen vor und zwei Wochen nach der Geburt muss sie diesen Mutterschutz nutzen. Eine Lohnfortzahlung für den Mutterschutz existiert nicht, vielmehr muss die werdende Mutter für den Mutterschutz entweder ihre Elterngeldtage oder Urlaub nutzen.[9] Werden Elterngeldtage für die Zeit vor der Entbindung genutzt, stehen natürlich für die Zeit nach der Entbindung entsprechend weniger Elterngeldtage zur Verfügung. Es ist deshalb nicht unüblich, dass schwangere Arbeitnehmerinnen in Schweden tatsächlich bis zu zwei Wochen vor der geplanten Entbindung arbeiten.

Eine schwangere Arbeitnehmerin, die ihre normalen Arbeitsaufgaben in den letzten zwei Monaten der Schwangerschaft nicht mehr ausüben kann und für die der Arbeitgeber keine anderen angemessenen Arbeitsaufgaben bereitstellen kann, hat das Recht auf Schwangerschaftsgeld (*graviditetspenning*)[10]. Dieses Recht besteht nur, wenn die Möglichkeit der schwangeren Arbeitnehmerin, zu arbeiten, mit mindestens einem Viertel herabgesetzt ist. Das Schwangerschaftsgeld wird für einen Zeitraum von höchstens 50 Tagen gezahlt und berechnet sich wie das Krankengeld. Weiterhin haben schwangere Frauen, die aufgrund von Vorschriften zur Arbeitsumwelt bestimmte Tätigkeiten nicht ausführen dürfen und denen der Arbeitgeber keine anderen Aufgaben zuweisen kann, das Recht auf Schwangerschaftsgeld für die gesamte Schwangerschaft. Das Schwangerschaftsgeld wird jedoch nur bis zum elften Tag vor der berechneten Niederkunft ausgezahlt.[11]

Weiterhin hat eine Arbeitnehmerin, die ihr Kind stillt, das Recht, während der Arbeit hierfür freigestellt zu werden.[12]

Hinsichtlich der Elternzeit gilt Folgendes: Jeder Elternteil hat das Recht auf Elternzeit bis das Kind 18 Monate ist – unabhängig davon, ob Elterngeld ausgezahlt wird. Weiterhin hat ein Elternteil das Recht auf Elternzeit für die Zeit, in der das Schwedische Sozialversicherungsamt (*Försäkringskassan*) ein Elterngeld zahlt. Der Anspruch für das Elterngeld liegt insgesamt bei 480 Tagen pro Kind. Die Elterngeldtage können als ganze,

---

[8] Elternzeitgesetz (*föräldraledighetslagen* (*1995:584*)) § 19.
[9] Elternzeitgesetz (*föräldraledighetslagen* (*1995:584*)) § 4 Absatz 1.
[10] Das Schwangerschaftsgeld beträgt ca. 80 % des Gehaltes, jedoch nicht mehr als 74 EUR pro Tag (Stand 2015).
[11] Die Regeln zum Schwangerschaftsgeld finden sich im Sozialversicherungsgesetz (*socialförsäkgingsbalk* (*2010:110*)) in Abteilung 8 Kap. 10.
[12] Elternzeitgesetz (*föräldraledighetslagen* (*1995:584*)) § 4 Absatz 2.

halbe, viertel oder achtel Tage bei gleichzeitiger entsprechender Verkürzung der Arbeitszeit in Anspruch genommen werden. Die Planung dieser Arbeitszeitverkürzung sollen Arbeitgeber und Arbeitnehmer in gegenseitigem Einvernehmen vornehmen, wobei den Wünschen des Arbeitnehmers besonderes Gewicht zugestanden wird. Der Arbeitnehmer muss dem Arbeitgeber zwei Monate, bevor er in Elternzeit gehen will, entsprechend informieren. Will der Arbeitnehmer früher als geplant an den Arbeitsplatz zurückkehren, darf der Arbeitgeber die Rückkehr höchstens einen Monat aufschieben.

Von den insgesamt 480 Elterngeldtagen werden 390 Tage einkommensabhängig berechnet. Das Elterngeld beträgt dabei 80 Prozent des Einkommens bis zu einem maximalen monatlichen Einkommen von 3900 EUR (Stand 2015). Pro Tag wird nie mehr als 100 EUR ausgezahlt. Für die restlichen 90 Tage werden pro Tag 19 EUR als Mindestniveau ausgezahlt. Das Elterngeld muss in Anspruch genommen werden, bis das Kind acht Jahre alt ist oder das erste Schuljahr beendet hat. Andernfalls verfällt das Elterngeld.

Jeder Elternteil hat Anspruch auf 195 einkommensabhängige Elterngeldtage und 45 Tage mit der Mindestniveauauszahlung. Jeder Elternteil kann dem anderen Elternteil seine Elterngeldtage bis auf 60 einkommensabhängige Tage überlassen.

Ferner hat jeder Elternteil das Recht, seine Arbeitszeit auf 75 Prozent zu kürzen, bis das Kind acht Jahre alt ist oder das erste Schuljahr beendet hat. Elterngeld erhält er dabei nicht.

Auch hat ein Arbeitnehmer das Recht, bis zu 60 Tage pro Jahr mit einem kranken Kind zu Hause zu bleiben. Bei Vorliegen besonderer Umstände kann sich dieser Zeitraum auf 120 Tage pro Jahr erhöhen. Während dieser Zeit erfolgt eine Auszahlung des Elterngeldes vom Schwedischen Sozialversicherungsamt. Dieses Elterngeld darf in Anspruch genommen werden, solange das Kind unter 12 Jahre alt ist. Bei einer Krankheit, die länger als sieben Tage andauert, ist ein ärztliches Attest beizubringen.

Die sog. „Vatertage" (*pappadagar*) geben dem Vater das Recht auf zehn zusätzliche Tage Elternzeit im Zusammenhang mit der Geburt des Kindes.

Das Elterngeld wird ausschließlich vom Schwedischen Sozialversicherungsamt gezahlt und nicht vom Arbeitgeber. In vielen Tarifverträgen finden sich allerdings Vorschriften, nach denen der Arbeitgeber eine Zuzahlung zum Elterngeld leistet. Diese Regelungen wurden eingeführt, um vor allem Väter, die in der Regel ein besseres Einkommen als Mütter haben, zur Inanspruchnahme ihrer Elternzeit zu bewegen. Inzwischen erhalten Eltern, die Elternzeit für Kinder in Anspruch nehmen, die nach dem 30. Juni 2008 geboren wurden, sogar einen Gleichstellungsbonus (*jämställdhetsbonus*). Dieser kommt aber nur Eltern zugute, die ihre Elternzeit möglichst gleichberechtigt aufteilen. Der Bonus beträgt 5,20 EUR pro Tag und Elternteil und beläuft sich auf maximal 1420 EUR pro Kind. Er muss nicht beantragt werden; vielmehr erfolgt die Auszahlung automatisch.

Ein Arbeitgeber darf Arbeitnehmer in Elternzeit nicht gegenüber anderen Mitarbeitern benachteiligen oder ihnen nach ihrer Rückkehr aus der Elternzeit schlechtere Anstellungsbedingungen als vor der Elternzeit einräumen.[13] Der Arbeitgeber trägt die Beweislast dafür, dass der Arbeitnehmer in Elternzeit nicht benachteiligt wurde.[14]

4.3 Sonderurlaub und Freistellungen

Es gibt eine Reihe von Gesetzen, die Arbeitnehmern in bestimmten Situationen Sonderurlaub gewähren. Die Wichtigsten werden im Folgenden beschrieben.

Ein Arbeitnehmer hat in Schweden das Recht auf unbezahlten Sonderurlaub in Voll- oder Teilzeit, um einer Ausbildung nachzugehen.[15] Um dieses Recht wahrnehmen zu können, muss der Arbeitnehmer vor Antritt des Sonderurlaubs entweder sechs Monate ununterbrochen oder insgesamt zwölf Monate innerhalb der letzten zwei Jahre beim Arbeitgeber angestellt gewesen sein. Nur bei einer Ausbildung, die sich hauptsächlich mit gewerkschaftlichen Fragen befasst, ist keine Qualifikationszeit notwendig. Die Anstellungsform während der Qualifikationszeit ist für das Recht auf Sonderurlaub für Studienzwecke nicht von Bedeutung.

Die geplante Ausbildung muss keinen Zusammenhang mit den jetzigen oder zukünftigen Arbeitsaufgaben haben. Sie muss allerdings einem Ausbildungsplan folgen und Kenntnisse in einem bestimmten Gebiet vermitteln. Ein tarifgebundener Arbeitgeber darf den Beginn des Sonderurlaubs höchstens sechs Monate aufschieben. Bei einem längeren Aufschub muss die Gewerkschaft zustimmen. Gibt es keinen Tarifvertrag, kann der Arbeitnehmer bei einem Aufschub von mehr als zwei Jahren zu Gericht gehen. Das Gesetz geht dabei von einer typisch schwedischen Lösung aus, dass nämlich Arbeitgeber und Arbeitnehmer sich gemeinsam auf den Beginn des Sonderurlaubs einigen. Die Aufschubregelungen sind demzufolge nur als Ersatzlösung gedacht.

Der Arbeitnehmer hat das Recht, solange beurlaubt zu werden, wie dies für seine Ausbildung erforderlich ist. Der Antrag auf die Beurlaubung kann mündlich gestellt werden; schriftliche Anträge sind jedoch üblich. Der Arbeitnehmer hat das Recht, seine Beurlaubung vorzeitig abzubrechen und an seinen Arbeitsplatz zurückzukehren. Der Arbeitgeber hat hier nur das Recht, die Rückkehr zur Arbeit um zwei Wochen zu verschieben, wenn die Freistellung unter einem Jahr lag. War der Arbeitnehmer länger als ein Jahr beurlaubt, kann der Arbeitgeber die Rückkehr um einen Monat verschieben.

Ist der Arbeitgeber durch einen Tarifvertrag gebunden, hat die Gewerkschaft das sog. Auslegungsprivileg (*tolkningsföreträde*) zu streitigen Fragen im Zusammenhang mit dem Sonderurlaub für Studienzwecke.

Ein Arbeitnehmer darf nicht gekündigt werden, weil er sein Recht auf Sonderurlaub für Studienzwecke ausgenutzt hat. Eine solche Kündigung wird vor Gericht keinen Bestand

[13] Elternzeitgesetz (*föräldraledighetslag* (*1995:584*)) § 16.
[14] Elternzeitgesetz (*föräldraledighetslag* (*1995:584*)) § 24.
[15] So das Gesetz über das Recht des Arbeitnehmers auf Freistellung für Ausbildung (*lag (1974:981) om arbetstagares rätt till ledighet för utbildning*) auch *studieledighetslagen* genannt.

haben und der Arbeitgeber kann zur Zahlung von Schadensersatz an den Arbeitnehmer verpflichtet werden. Nach Abschluss des Sonderurlaubs hat der Arbeitnehmer das Recht, die gleiche oder eine vergleichbare Tätigkeit beim Arbeitgeber aufzunehmen.

Die Regelungen des Gesetzes über Sonderurlaub für Studienzwecke sind zwingend. Individualvertragliche Vereinbarungen, welche die Rechte des Arbeitnehmers in dieser Hinsicht einschränken, sind ungültig. Zum Teil kann das Gesetz jedoch durch einen zentralen oder einen zentral genehmigten Tarifvertrag abgeändert werden.

Das Gesetz zum Recht auf unbezahlten Sonderurlaub aufgrund dringender familiärer Gründe[16] regelt den Fall, dass die Abwesenheit des Arbeitnehmers in einer dringenden Familiensituation aufgrund von Krankheit oder wegen eines Unglücksfalls notwendig ist. In der Regel handelt es sich hierbei um eine Abwesenheit von einem oder wenigen Tagen. Durch Tarifvertrag oder Individualvertrag kann eine Lohnfortzahlung auch für die Abwesenheit vereinbart werden. Fehlt eine solche Regelung, wird die Abwesenheit vom Lohn abgezogen. Ist eine längere Abwesenheit notwendig, muss diese über andere (Sonder-) Urlaubsregelungen gelöst werden.

Nach dem Gesetz über Kompensation und Freistellung für die Pflege von Nahestehenden[17] kann der Arbeitnehmer im Fall der Pflege von Nahestehenden unbezahlten Sonderurlaub nehmen. Allerdings ist dies nur in dem Umfang möglich, in dem das Schwedische Sozialversicherungsamt (*Försäkringskassan*) zuvor ein Pflegegeld für den Arbeitnehmer bewilligt hat. Nahestehende müssen hierbei nicht unbedingt Familienangehörige sein. Vielmehr nimmt die Versicherung eine Einschätzung vor, wer als Nahestehender angesehen werden kann. Hierbei kann es sich auch um einen guten Freund oder Nachbar handeln.

Das Gesetz über das Recht des Arbeitnehmers, unternehmerisch tätig zu sein,[18] gibt einem Arbeitnehmer das Recht auf maximal sechs Monate unbezahlten Sonderurlaub, wenn er ein Unternehmen aufbauen und führen will. Der Arbeitnehmer kann diesen Sonderurlaub erst dann erhalten, wenn er zuvor mindestens sechs Monate beim Arbeitgeber beschäftigt war. Er darf jedoch keine Tätigkeit ausüben, die als Wettbewerb zum Arbeitgeber angesehen werden kann. Der Arbeitnehmer muss seinen Antrag auf Sonderurlaub mindestens drei Monate vor Antritt des Sonderurlaubs stellen. Der Arbeitgeber darf diesem Anliegen nur dann nicht stattgeben, wenn der Sonderurlaub dem Arbeitgeber erhebliche Umstände bereitet. Mögliche Extrakosten für die Einstellung einer Vertretung während der Abwesenheit des Arbeitnehmers werden nicht als erhebliche Umstände akzeptiert.

Der Arbeitnehmer kann den Sonderurlaub vorzeitig abbrechen. In diesem Fall muss ihn der Arbeitgeber spätestens einen Monat nach einer entsprechenden Information durch den Arbeitnehmer wieder im Unternehmen beschäftigen.

Viele Tarifverträge beinhalten weitere Möglichkeiten, bezahlt freigestellt (*permission*) zu werden. Dies kann zum Beispiel die eigene Hochzeit, der 50. Geburtstag, der Tod eines

[16] *Lag (1998:209) om rätt till ledighet av trängande familjeskäl.*
[17] *Lag (1988:1465) om ersättning och ledighet för närståendevård.*
[18] *Lag (1997:1293) om rätt till ledighet för att bedriva näringsverksamhet.*

nahen Angehörigen oder eine plötzliche schwere Erkrankung für einen zuhause wohnenden Angehörigen sein.

Arbeitnehmer, die aufgrund der oben genannten Gesetze Sonderurlaub erhalten, sind auch während ihrer Abwesenheit vom Kündigungsschutzgesetz umfasst und dürfen nicht aufgrund der Freistellungen gekündigt oder benachteiligt werden. Bei einem Verstoß gegen die genannten Gesetze kann sich der Arbeitgeber dem Arbeitnehmer gegenüber schadensersatzpflichtig machen.

Literatur

Broberg, Anette, *Semester & sjukfrånvaro,* 2. Auflage, Näsviken 2014

Englund, Thomas; Sprangers, Lotta, *Ledigheter och frånvaro,* 6. Auflage, Göteborg 2014

5 Verträge von Geschäftsführern und leitenden Angestellten

5.1 Die Anstellungsbedingungen für Geschäftsführer und leitende Angestellte

Wie schon oben beschrieben, unterfallen Geschäftsführer einer schwedischen Aktiengesellschaft (*aktiebolag – AB*) nicht dem Schutzbereich des Kündigungsschutzgesetzes. Dies trifft ebenfalls für Personen zu, die eine unternehmensleitende Funktion haben, nicht aber als Geschäftsführer eingetragen sind. Für andere Positionen im Unternehmen hängt die Anwendung des Kündigungsschutzgesetzes von einer Bewertung der Einzelumstände ab. Auch Tarifverträge enthalten häufig Klauseln, in denen eine Kategorisierung der Arbeitnehmer vorgenommen wird und in denen Geschäftsführer bzw. in größeren Unternehmen auch leitende Angestellte mit gewissen Verantwortungsbereichen von der Anwendung der Tarifverträge ausgeschlossen sind. Im Zweifel sind die Grenzen hier eher eng zu ziehen und die Anwendbarkeit von Kündigungsschutzgesetz und Tarifvertrag anzunehmen.

In der Regel haben Geschäftsführer bzw. leitende Angestellte individuelle Anstellungsverträge, durch welche sie für die fehlenden gesetzlichen Schutzregelungen kompensiert werden und die dadurch ein gewisses Sicherheitsnetz darstellen. In der Gestaltung des Anstellungsvertrages sind die Parteien im Grunde frei. Doch sind die Verträge nach der Rechtsprechung gewissen Einschränkungen durch zwingende arbeitsrechtliche Regelungen und dem allgemeinen Vertragsrecht unterworfen.

Die Anstellung eines Geschäftsführers bzw. leitenden Angestellten kann unbefristet oder befristet erfolgen. Findet sich keine derartige Bestimmung im Vertrag, wird von einer unbefristeten Anstellung auszugehen sein. Die Aufgaben des Geschäftsführers (*verkställande direktör – VD*) einer *AB*, ergeben sich schon aus dem Aktiengesetz (*aktiebolagslagen*[1]). Danach ist der Geschäftsführer für die laufende Verwaltung des Unternehmens aufgrund der Richtlinien und Anweisungen, die der Verwaltungsrat ihm erteilt, verantwortlich. Zur laufenden Verwaltung gehören alle Maßnahmen, die im Hinblick auf die

[1] Aktiengesetz (*aktiebolagslagen (2005:551)*) Kap. 8, §§ 25 und 30.

Deutsch-Schwedische Handelskammer (Hrsg.), *Arbeitsrecht in Schweden*,
DOI 10.1007/978-3-658-10205-0_5

Unternehmenstätigkeit nicht unüblich oder von großer Bedeutung sind. Falls im Einzelfall eine Entscheidung des Verwaltungsrats nicht abgewartet werden kann und eine entsprechende Dringlichkeit vorliegt, darf der Geschäftsführer auch Entscheidungen von größerer Tragweite treffen. In der Regel darf ein Geschäftsführer aber zum Beispiel keine Immobilien kaufen oder verkaufen.

Der Verwaltungsrat einer *AB* hat die Pflicht, durch eine schriftliche Arbeitsinstruktion die Verteilung der Aufgaben zwischen Verwaltungsrat und Geschäftsführer festzulegen. Häufig werden hier Betragsgrenzen, über welche der Geschäftsführer selbst entscheiden kann, festgelegt.

Auch das Arbeitszeitgesetz (*arbetstidslagen*) mit seiner Begrenzung auf höchstens 40 Wochenstunden gilt nicht für Geschäftsführer bzw. leitende Angestellte. In der Praxis werden diese vertraglich hierfür meist mit einem höheren Lohn und zusätzlichem Urlaub kompensiert. Das Gehalt besteht häufig aus einem festen und einem variablen Teil in Form eines Bonus, von Incentives oder einer Gewinnbeteiligung etc.

Das Urlaubsgesetz findet hingegen, da es zwingende Vorschriften für alle Arbeitnehmer enthält, auch auf Geschäftsführer bzw. leitende Angestellte Anwendung. In der Regel haben diese 30 bis 35 Urlaubstage pro Urlaubsjahr[2]. Gesetzlich vorgeschrieben sind mindestens 25 Urlaubstage.

Als geldwerter Vorteil wird dem Geschäftsführer bzw. leitenden Angestellten häufig ein Dienstwagen zur Verfügung gestellt. Kann er den Dienstwagen auch privat nutzen muss dieser geldwerte Vorteil nach dem schwedischen Steuerrecht versteuert werden.[3]

Auch eine zusätzliche Altersvorsorge und eine zusätzliche Krankenversicherung sind bei Geschäftsführern bzw. leitenden Angestellten in Schweden weithin übliche Vertragsleistungen. Zum einen wird die gesetzliche Altersvorsorge als nicht ausreichend angesehen und zum anderen existieren bei der fachärztlichen Versorgung zum Teil lange Wartezeiten, wodurch sich ein längerer krankheitsbedingten Ausfall eines leitenden Angestellten nachteilig für das Unternehmen sein kann. Bereits jetzt sei bemerkt, dass eine betriebliche Altersvorsorge für Arbeitnehmer in Schweden tarifvertraglich vorgesehen und selbst bei Nicht-Tarifgebundenheit üblich ist.

[2] Das schwedische Urlaubsjahr beginnt jeweils am 1. April und endet am 31. März des Folgejahres.

[3] Der geldwerte Vorteil, im schwedischen *förmån* genannt, setzt sich bei der privaten Firmenwagennutzung in der Regel aus zwei Bestandteilen zusammen: Zum einen ergibt sich ein zu versteuernder geldwerter Vorteil aus dem Gegenwert, der sich aus der Nutzung des Fahrzeuges selbst ergibt. Dieser Wert wird von den schwedischen Finanzbehörden je nach Fahrzeugmodell und Ausstattungsmerkmalen des Fahrzeugs jährlich festgesetzt. Der zweite steuerlich zu berücksichtigende Wertfaktor ist derjenige, der sich aus dem Kraftstoffverbrauch zu privaten Zwecken errechnet, sofern der Arbeitgeber die Kraftstoffkosten trägt. Beide Formen des geldwerten Vorteils sind dabei stets sowohl einkommenssteuer – als auch sozialversicherungspflichtig. Die 1 %-Regel ist in Schweden nicht bekannt.

5.2 Beendigung der Anstellung von Geschäftsführern und leitenden Angestellten

Der Arbeitsvertrag eines Geschäftsführers bzw. leitenden Angestellten unterliegt nicht dem Kündigungsschutzgesetz und kann deshalb ohne Angabe von Gründen jederzeit unter Einhaltung der vertraglichen Kündigungsfristen beendet werden. Bei dem Geschäftsführer einer *AB* beruft der Verwaltungsrat den Geschäftsführer ab. Liegt kein schriftlicher Arbeitsvertrag vor, sollte von einer mindestens sechsmonatigen Kündigungsfrist ausgegangen werden. Üblich sind Kündigungsfristen und/oder Abfindungsvereinbarungen von insgesamt ein bis zwei Jahren. Falls eine kürzere Kündigungsfrist als sechs Monate vereinbart wird, besteht die Gefahr, dass das Gericht die Geltung des Kündigungsschutzgesetzes annimmt. Will der Arbeitgeber die Arbeitsleistung des leitenden Angestellten während der Kündigungsfrist nicht in Anspruch nehmen, kann er ihn unter Weiterzahlung des Gehalts freistellen. Ist der leitende Angestellte nicht gewillt, seinen Urlaub für die Freistellung zu nutzen, darf der Arbeitgeber ihm Urlaub nur dann anrechnen, wenn die Kündigungsfrist länger als sechs Monate ist. Eine Anrechnung kann außerdem nur für die Periode erfolgen, welche sechs Monate übersteigt. Das Gehalt aus einer neuen Anstellung wird beim leitenden Angestellten im Unterschied zum Angestellten nur dann auf das Gehalt in der Kündigungsfrist angerechnet, wenn dies ausdrücklich im Vertrag vereinbart ist.

Auch eine Aufhebung des Arbeitsvertrages, die wie eine arbeitsrechtliche fristlose Kündigung behandelt wird, ist nach allgemeinen vertragsrechtlichen Regelungen möglich, wenn der leitende Angestellte seine Pflichten gegenüber dem Arbeitgeber in grober Weise verletzt hat. Eine entsprechende Klausel sollte in den Vertrag aufgenommen werden.

Literatur

D'Oliwa, Louise Ideström; Flemström, Stefan, *Rätt Arbetsrätt 2015*, Stockholm 2015

Källström, Kent; Malmström, Jonas, *Anställningsförhållandet*, 3. Auflage, Uppsala 2013

Gellner, Lars, Sydolf Lars, *Swedish Labour Law – Svensk arbetsrätt*, Stockholm 2008

Iseskog, Tommy, *Personaljuridik*, 27. Auflage, Stockholm 2014

6 Arbeitnehmerüberlassung

Die Arbeitnehmerüberlassung auf Zeit ist in Schweden weit verbreitet, seit 1993 zulässig und seit dem 1. Januar 2013 in einem eigenen Zeitarbeitsgesetz[1] geregelt. Das schwedische Recht sieht keine Genehmigungspflicht für die gewerbliche Arbeitnehmerüberlassung vor. Der Arbeitgeberverband der Zeitarbeitsunternehmen *Bemanningsföretagen* hat diesbezüglich mit den jeweiligen Gewerkschaften umfassende Tarifverträge abgeschlossen.

Zwischen dem Zeitarbeitsunternehmen und dem Entleiher besteht ein Vertrag über die Überlassung von Arbeitnehmern, der sich nach den allgemeinen zivilrechtlichen Vorschriften richtet.

Das Zeitarbeitsunternehmen (Verleiher) ist eine natürliche oder juristische Person, die Arbeitnehmer (Leiharbeitnehmer oder Zeitarbeitnehmer genannt) zu dem Zweck anstellt, diese befristet im Rahmen der Arbeitnehmerüberlassung einem Entleiher zu überlassen. Zwischen dem Zeitarbeitnehmer und dem Zeitarbeitsunternehmen besteht demzufolge ein Arbeitsvertrag. Das Zeitarbeitsunternehmen ist als Arbeitgeber dem Zeitarbeitnehmer gegenüber zur Lohnzahlung verpflichtet. Die weiteren Arbeitgeberfunktionen sind jedoch zwischen dem Zeitarbeitsunternehmen und dem Entleiher derart aufgeteilt, dass der Entleiher die Leitungsfunktion für den Zeitarbeitnehmer innehat. Im Bereich der Arbeitssicherheit hat der Entleiher sogar die Verantwortung für die entsprechenden Maßnahmen zum Schutz des Zeitarbeitnehmers.[2]

Das Zeitarbeitsunternehmen muss dem Zeitarbeitnehmer für die Dauer seiner Tätigkeit für den Entleiher mindestens die gleichen Arbeits- und Anstellungsbedingungen zusichern, als wenn der Leiharbeitnehmer direkt beim Entleiher angestellt wäre.[3] Das Zeitarbeitsunternehmen ist also den Grundsätzen des sog. *Equal Pay and Equal Treatment* unterworfen. Damit sind die Bedingungen gemeint, die entweder durch Tarifvertrag defi-

[1] Arbeitnehmerüberlassungsgesetz (*lag (2012:854) om uthyrning av arbetstagare*).

[2] Arbeitsumweltgesetz (*arbetsmiljölag (1977:1160) – AML*) § 12 Kap. 3.

[3] Arbeitnehmerüberlassungsgesetz (*lag (2012:854) om uthyrning av arbetstagare*) § 6.

Deutsch-Schwedische Handelskammer (Hrsg.), *Arbeitsrecht in Schweden*,
DOI 10.1007/978-3-658-10205-0_6

niert wurden oder andere für den Entleiher geltende Regelungen, die folgende Bereiche betreffen: Länge der Arbeitszeit, Überstunden, Pausen, Nachtarbeit, Urlaub und Feiertage, Entgelt, Schutz für Jugendliche, schwangere und stillende Frauen oder Schutz vor Diskriminierung.[4]

Die Vorschriften des Zeitarbeitsgesetzes sind zwingend. Von den eben genannten Verpflichtungen darf, solange die Mindeststandards der europäischen Richtlinie 2008/104/EG vom 19. November 2008 über Leiharbeit eingehalten werden, durch einen lokalen Tarifvertrag, der zentral genehmigt wurde, oder durch einen zentralen Tarifvertrag abgewichen werden.

Das Zeitarbeitsunternehmen darf den Zeitarbeitnehmer weder vertraglich noch auf andere Weise daran hindern, beim Entleiher eine Stelle anzunehmen. Zudem darf es von dem Zeitarbeitnehmer kein Geld für eine Vermittlung zu dem Entleiher verlangen,[5] wenn der Zeitarbeitnehmer vom Entleiher angestellt wird.

Der Entleiher muss dem Leiharbeitnehmer den Zugang zu seinen betrieblichen Einrichtungen gewähren, sofern nicht besondere Gründe dem entgegenstehen. Er muss den Leiharbeitnehmer weiterhin über freie Stellen in seinem Betrieb informieren.[6]

Verstöße des Zeitarbeitsunternehmens oder des Entleihers gegen das Zeitarbeitsgesetz können zu einem Schadensersatzanspruch des Zeitarbeitnehmers führen.[7]

Literatur

Göransson, Håkan Gabinus, *Uthyrning av arbetstagare,* Stockholm 2014

[4] Arbeitnehmerüberlassungsgesetz *(lag (2012:854) om uthyrning av arbetstagare)* § 5.
[5] Arbeitnehmerüberlassungsgesetz *(lag (2012:854) om uthyrning av arbetstagare)* §§ 9 und 10.
[6] Arbeitnehmerüberlassungsgesetz *(lag (2012:854) om uthyrning av arbetstagare)* §§ 11 und 12.
[7] Arbeitnehmerüberlassungsgesetz *(lag (2012:854) om uthyrning av arbetstagare)* §§ 13 und 14.

Die Anstellung beim Betriebsübergang 7

7.1 Voraussetzungen für einen Betriebsübergang

Wie auch in Deutschland sind die Arbeitsverhältnisse bei einem Betriebsübergang in Schweden Gegenstand europäischer Rechtsvereinheitlichung. Rechtsfragen im Zusammenhang mit dem Betriebsübergang gehen auf die Richtlinien 77/187/EWG[1] und 2001/23 EG[2] zurück.

Die Wirkungen eines Betriebsübergangs für das Arbeitsverhältnis sind im Kündigungsschutzgesetz (*lag om anställningsskydd*)[3] und die Wirkungen hinsichtlich der tarifvertraglichen Regelungen im Betrieblichen Mitbestimmungsgesetz (*medbestämmandelagen – MBL*)[4] geregelt.

Bei der Frage, welche Arbeitgeberwechsel als Betriebsübergang zu bewerten sind, werden die Kriterien, die der EuGH und das schwedische Arbeitsgericht entwickelt haben, herangezogen. Besonderer Wert wird hierbei auf eine Wahrung der wirtschaftlichen Einheit gelegt. Die Frage, ob ein Betriebsübergang vorliegt, ist jeweils im Rahmen einer wertenden Gesamtbetrachtung zu berücksichtigen. Für das Vorliegen eines Betriebsübergangs sprechen:

- der Übergang beweglicher Güter oder Betriebsmittel,
- die Übernahme von Kunden,

---

[1] Richtlinie 77/187/EWG des Rates vom 14. Februar 1977 zur Angleichung der Rechtsvorschriften der Mitgliedsstaaten über die Wahrung von Ansprüchen der Arbeitnehmer beim Übergang von Unternehmen, Betrieben oder Unternehmens- oder Betriebsteilen.

[2] Richtlinie 2001/23 EG des Rates vom 12. Mai 2001 zur Angleichung der Rechtsvorschriften der Mitgliedsstaaten über die Wahrung von Ansprüchen der Arbeitnehmer beim Übergang von Unternehmen, Betrieben oder Unternehmens- oder Betriebsteilen.

[3] Kündigungsschutzgesetz (*lag (1982:80) om anställningsskydd – LAS*) § 6b.

[4] Gesetz zur betrieblichen Mitbestimmung (*lag (1976:580) om medbestämmande i arbetslivet – MBL*) § 28.

Deutsch-Schwedische Handelskammer (Hrsg.), *Arbeitsrecht in Schweden*,
DOI 10.1007/978-3-658-10205-0_7

- der Grad der Ähnlichkeit zwischen der vor und nach dem Übergang verrichteten Tätigkeit,
- die Dauer der eventuellen Unterbrechung dieser Tätigkeit und
- die Übernahme eines Teils der Belegschaft, letzteres besonders in den Fällen, in denen das Know-how der Mitarbeiter von besonderer Bedeutung ist.

Die Gewichtung der einzelnen Kriterien ist einzelfallabhängig. Ein Betriebsübergang liegt daher nur vor, wenn ein Wechsel des Arbeitgebers stattfindet. Der Verkauf oder die Übertragung von Anteilen einer schwedischen Aktiengesellschaft (*aktiebolag – AB*) führt hingegen nicht zu einem Betriebsübergang, da die Aktiengesellschaft nach wie vor Arbeitgeber ist.

Hat hingegen eine deutsche Gesellschaft als in Schweden registrierter Arbeitgeber Mitarbeiter in Schweden und gründet dann eine schwedische Aktiengesellschaft (*aktiebolag – AB*), so kann der Fall anders liegen. Soll die AB die Tätigkeit der deutschen Gesellschaft und den oder die Mitarbeiter in Schweden übernehmen, so liegt in der Regel ein Betriebsübergang vor. Der alte Arbeitgeber – die deutsche Gesellschaft – und der neue Arbeitgeber – die schwedische AB – sind zwei unterschiedliche Arbeitgeber. Hier sind dann insbesondere die unten besprochenen Pflichten gegenüber den Gewerkschaften der Mitarbeiter zu beachten.

7.2 Der Arbeitsvertrag beim Betriebsübergang

Bei dem Übergang eines Unternehmens, Betriebs oder Betriebsteils gehen auch die Rechte und Pflichten aus dem Arbeitsverhältnis und die Anstellungsbedingungen, wie sie im Zeitpunkt des Übergangs galten, automatisch auf den Erwerber über.[5] Diese Regelungen gelten jedoch weder bei einem Betriebsübergang im Rahmen der Insolvenz noch hinsichtlich der Pensions-, Invaliditäts- oder Hinterbliebenenversicherungen, sofern diese nicht durch Tarifvertrag geregelt sind – sog. gesetzliche Ausnahmeregel.[6] Sind die genannten Versicherungen im Arbeitsvertrag verankert, geht auch die Verpflichtung des Arbeitgebers, in diese Versicherungen einzuzahlen, mit auf den Erwerber über. Fehlt eine ausdrückliche Regelung, gilt die oben genannte gesetzliche Ausnahmeregelung.

Anders liegt der Fall wiederum bei Versicherungen, die tarifvertraglich vorgesehen sind. Die Bestimmungen des Betrieblichen Mitbestimmungsgesetzes enthalten hier keine wie oben beschriebene Ausnahmeregelung beim Betriebsübergang in Bezug auf die genannten Versicherungen. Es wird also davon auszugehen sein, dass die Pflichten des Arbeitgebers, in tarifvertraglich vorgesehene Versicherungen einzuzahlen, auch auf den Erwerber übergehen. Dies ist in Schweden hauptsächlich die betriebliche Altersvorsorge,

[5] Kündigungsschutzgesetz *(lag (1982:80) om anställningsskydd – LAS)* § 6b Absatz 1.
[6] Kündigungsschutzgesetz *(lag (1982:80) om anställningsskydd – LAS)* § 6b Absatz 2 und 3.

die anders als in Deutschland in erheblicher Höhe allein durch den Arbeitgeber finanziert wird.[7]

Der Erwerber übernimmt alle Rechte und Pflichten des Veräußerers aus dem Arbeitsvertrag im Verhältnis zu den Arbeitnehmern. Demzufolge wird im Rahmen der Berechnung der Betriebszugehörigkeit die Zeit der Vorbeschäftigung beim Veräußerer mit angerechnet.[8]

Gibt es noch offene Ansprüche des Arbeitnehmers gegen den Veräußerer, so kann er sich aussuchen, ob er diese gegen den Veräußerer oder den Erwerber geltend macht. Beide Arbeitgeber haften solidarisch für diese Forderungen. Betreffen die Forderungen Ansprüche, die im Kündigungsschutzgesetz oder im Betrieblichen Mitbestimmungsgesetz geregelt sind, so gelten die dort festgelegten Verjährungsfristen. Für alle anderen Ansprüche, gilt die allgemeine Verjährungsfrist von zehn Jahren.

Der Veräußerer darf bei einem Betriebsübergang keine Kündigungen aufgrund des Betriebsübergangs aussprechen.[9] Betriebsbedingte Kündigungen aus wirtschaftlichen, technischen oder organisatorischen Gründen, die nicht auf dem Betriebsübergang beruhen, können hingegen erfolgen.

Widerspricht ein Arbeitnehmer dem Betriebsübergang, so geht sein Arbeitsverhältnis nicht auf den Erwerber über.[10] Dies bedeutet mit anderen Worten, das jeder Mitarbeiter vom Arbeitgeber gefragt werden muss, ob er damit einverstanden ist, dass sein Arbeitsverhältnis auf den neuen Arbeitgeber übergeht. Wenn der Mitarbeiter damit nicht einverstanden ist, verbleibt er beim Veräußerer, kann allerdings später betriebsbedingt gekündigt werden.

7.3 Betriebsübergang und Tarifvertrag

Beim Betriebsübergang geht nach der sog. Hauptregel des Betrieblichen Mitbestimmungsgesetzes der Tarifvertrag des Veräußerers auf den Erwerber über, soweit nicht der Erwerber bereits durch einen anderen Tarifvertrag gebunden ist, der auch auf die übernommenen Arbeitnehmer Anwendung findet. Unterfällt der Erwerber keinem Tarifvertrag, tritt er als Arbeitgeber an die Stelle des Veräußerers und dessen tarifvertragliche Bindung geht auf ihn über.

Der Erwerber selbst kann sich nicht von einer solchen tarifvertraglichen Bindung lösen. Die ursprünglichen Parteien des Tarifvertrages können allerdings den Tarifvertrag kündigen. Diesbezüglich ist folgendes zu beachten: Die Gewerkschaft, die den Tarifvertrag mit dem Veräußerer geschlossen hat, kann den Tarifvertrag innerhalb von 30 Tagen, nachdem sie über den geplanten Übergang informiert wurde, kündigen. Dem Veräußerer hingegen steht dieses Recht bis zum Übergang zu. Kündigt der Veräußerer den Tarifver-

[7] Mehr dazu unter IV. D *Sozialversicherungen durch Tarifvertrag.*

[8] Kündigungsschutzgesetz (*lag (1982:80) om anställningsskydd – LAS*) § 3 Absatz 1 Nummer 2.

[9] Kündigungsschutzgesetz (*lag (1982:80) om anställningsskydd – LAS*) § 7 Absatz 3.

[10] Kündigungsschutzgesetz (*lag (1982:80) om anställningsskydd – LAS*) § 6b Absatz 4.

trag jedoch später als 60 Tage vor Übergang, ist der Erwerber für eine Frist von 60 Tagen nach Ausspruch der Kündigung an den Tarifvertrag gebunden.

Wurde der Tarifvertrag fristgemäß gekündigt, ist der Erwerber dennoch erst einmal für ein Jahr an die Anstellungsbedingungen des Tarifvertrags gebunden.

Unabhängig davon, ob eine tarifvertragliche Bindung für den Veräußerer besteht, muss dieser den geplanten Betriebsübergang mit allen Gewerkschaften verhandeln, die Mitglieder in dem betroffenen Betrieb haben. Diesbezüglich gelten die Regelungen des Betrieblichen Mitbestimmungsgesetzes.[11]

Literatur

Källström, Kent; Malmström, Jonas, *Anställningsförhållandet*, 3. Auflage, Uppsala 2013

Mulder, Bernard Johann, *Anställningen vid verksamhetsövergång*, Lund 2004

[11] Betriebliches Mitbestimmungsgesetz *(lag (1976:580) om medbestämmande i arbetslivet – MBL)* § 11 Absatz 1 und § 13 Absatz 2.

8 Beendigung des Arbeitsverhältnisses

8.1 Allgemeines

Eine unbefristete Anstellung besteht in der Regel bis zur Kündigung durch den Arbeitgeber oder den Arbeitnehmer. Eine befristete Anstellung endet hingegen grundsätzlich zu dem Zeitpunkt, der im Vertrag vereinbart wurde.

Im Einzelnen gibt es folgende Möglichkeiten der Beendigung des Arbeitsverhältnisses:

- durch Aufhebungsvertrag,
- ggf. durch Zeitablauf (bei befristeten Arbeitsverhältnissen),
- durch ordentliche Kündigung vonseiten des Arbeitgebers,
- durch ordentliche Kündigung vonseiten des Arbeitnehmers,
- durch außerordentliche Kündigung durch den Arbeitgeber,
- durch außerordentliche Kündigung durch den Arbeitnehmer, wenn der Arbeitgeber in schwerem Maße gegen seine Pflichten verstoßen hat,
- aufgrund der Pensionierung des Arbeitnehmers oder
- durch Tod des Arbeitnehmers.

Die gesetzlichen Regelungen zum Kündigungsschutz und zur Kündigung finden sich hauptsächlich im *lag (1982:80) om anställningsskydd* – dem schwedischen Kündigungsschutzgesetz. Dieses gilt bereits ab einer Unternehmensgröße von einem Mitarbeiter. Auch Arbeitnehmer in der Probezeit sind vom Kündigungsschutzgesetz erfasst.

Deutsch-Schwedische Handelskammer (Hrsg.), *Arbeitsrecht in Schweden*,
DOI 10.1007/978-3-658-10205-0_8

8.2 Ordentliche Kündigung durch den Arbeitgeber

Die Kündigung durch den Arbeitgeber muss schriftlich erfolgen. Darüber hinaus muss sie eine Rechtsbehelfsbelehrung sowie gegebenenfalls den Hinweis auf das Recht auf Wiedereinstellung enthalten und darüber informieren, wie dieses geltend gemacht werden kann.[1]

Das Schriftformerfordernis ist als bloße Ordnungsvorschrift anzusehen, weshalb auch eine mündlich ausgesprochene Kündigung wirksam ist. Allerdings hat der Arbeitnehmer dann einen Schadensersatzanspruch gegen den Arbeitgeber aufgrund der Verletzung der oben genannten Hinweispflichten.

Die Kündigung muss dem Arbeitnehmer persönlich übergeben werden. Nur für den Fall, dass dies nicht möglich ist, kann die Kündigung per Einschreiben an die zuletzt bekannte Adresse des Arbeitnehmers geschickt werden. Die Kündigung ist dem Arbeitnehmer zugegangen, wenn sie ihm überreicht wurde und er sie zur Kenntnis hat nehmen können. Bei einer Versendung per Einschreiben wird der Zugang zehn Tage nach Aufgabe des Einschreibens bei der Post vermutet. Aus Beweisgründen empfiehlt sich das Einschreiben aus Schweden abzusenden. Befindet sich der Arbeitnehmer im Urlaub, gilt die Kündigung frühestens mit dem ersten Tag nach Beendigung des Urlaubs als zugegangen.[2]

Besteht Unsicherheit über die aktuelle Adresse des Arbeitnehmers, kann diese beim schwedischen Einwohnermeldeamt (*folkbokföring*) per Tonwahltelefon als Fax angefordert werden.

Während der Kündigungsfrist hat der Arbeitnehmer das Recht auf bezahlte Freistellung,[3] um das Arbeitsamt zu besuchen oder an Bewerbungsgesprächen teilzunehmen. Der Umfang der Freistellung soll angemessen sein. Der Arbeitgeber muss den Arbeitnehmer aber nicht freistellen, damit dieser Firmen besuchen kann, um sich dort nach Arbeit zu erkundigen.

Der Arbeitnehmer ist nicht verpflichtet, den Namen der Firma zu nennen, bei der er ein Bewerbungsgespräch wahrnimmt. Er muss dem Arbeitgeber lediglich mitteilen, dass er ein Bewerbungsgespräch hat und in welchem Umfang er hierfür freigestellt werden soll. Ein Besuch des Arbeitnehmers beim Arbeitsamt kann durch eine Bestätigung des Sachbearbeiters beim Arbeitsamt nachgewiesen werden.

Bevor ein Arbeitnehmer gekündigt werden kann, muss der Arbeitgeber prüfen, ob er dem Arbeitnehmer nicht eine andere Tätigkeit im Unternehmen anbieten kann (*omplaceringsutredning*).[4] Hierbei ist jedoch folgendes zu beachten:

- Der Arbeitgeber ist nicht verpflichtet, für den Arbeitnehmer eine neue Stelle zu schaffen.
- Vielmehr muss er, soweit dies möglich ist, dem Arbeitnehmer eine gleichwertige Tätigkeit anbieten.

[1] Kündigungsschutzgesetz (*lag (1982:80) om anställningsskydd – LAS*) § 8.
[2] Kündigungsschutzgesetz (*lag (1982:80) om anställningsskydd – LAS*) § 10.
[3] Kündigungsschutzgesetz (*lag (1982:80) om anställningsskydd – LAS*) § 14 Absatz 2.
[4] Kündigungsschutzgesetz (*lag (1982:80) om anställningsskydd – LAS*) § 7 Absatz 2.

- Der Arbeitnehmer muss über eine ausreichende Qualifikation für diese Tätigkeit verfügen.
- Eine kürzere Einarbeitungszeit des Arbeitnehmers muss der Arbeitgeber hinnehmen.
- Das Angebot des Arbeitgebers muss zudem angemessen sein.

Nimmt der Arbeitnehmer das Angebot an, hat er jedoch kein Recht darauf, seinen Lohn oder andere Anstellungsbedingungen zu behalten. Diese Bedingungen ergeben sich vielmehr aus der neuen Tätigkeit. Lehnt der Arbeitnehmer hingegen das angemessene Angebot des Arbeitgebers für eine andere Tätigkeit ab, so hat der Arbeitgeber seine Pflicht (*omplaceringsskyldighet*) erfüllt. Dies ist auch der Fall, wenn der Arbeitgeber dem Arbeitnehmer aufgrund der Firmenstruktur keine angemessene Tätigkeit anbieten kann.

Für eine ordentliche Kündigung durch den Arbeitgeber ist das Vorliegen eines sachlichen Grundes *(saklig grund)* erforderlich.[5] Der Begriff des sachlichen Grundes wird dabei durch die Rechtsprechung des Arbeitsgerichts ausgefüllt. Ferner können die Gesetzgebungsunterlagen zum Kündigungsschutzgesetz, die in Schweden allgemein als Vorarbeiten (*förarbeten*) bezeichnet werden, zur Auslegung des Begriffs herangezogen werden. Daneben müssen jeweils die Gesamtumstände des Einzelfalls berücksichtigt werden.

Als sachlicher Grund gelten in Schweden nur betriebsbedingte oder personen- und verhaltensbedingte Gründe.

Im internationalen Vergleich hat Schweden einen starken Kündigungsschutz bezüglich der personen- oder verhaltensbedingten Kündigung; bei der betriebsbedingten Kündigung, die in Form von als Arbeitsmangel bestehen kann, ist der Kündigungsschutz hingegen relativ schwach.

Im Einzelnen sieht dies wie folgt aus:

Bei einer verhaltensbedingten Kündigung liegt ein Verstoß des Arbeitnehmers gegen Pflichten aus dem Arbeitsvertrag vor. Dieser Verstoß darf nicht nur unbedeutender Natur und muss dem Arbeitnehmer auch bewusst gewesen sein. Hierbei werden nicht nur die Umstände berücksichtigt, die zur Kündigung geführt haben, sondern auch die Frage, inwieweit der Arbeitnehmer unter Berücksichtigung seines Fehlverhaltens in Zukunft weiterhin für seine Tätigkeit geeignet ist. Auch die Dauer der Anstellung kann bei der Beurteilung, ob ein sachlicher Grund vorliegt, relevant sein. So kann einem Arbeitnehmer, der sich seinem Arbeitgeber gegenüber schon viele Jahre loyal verhalten hat, ein Fehlverhalten eher nachgesehen werden. Zudem ist von Bedeutung, ob es sich um ein einmaliges Fehlverhalten handelt oder um eine Vielzahl von Verstößen seitens des Arbeitnehmers.

Des Weiteren darf die verhaltens- oder personenbedingte Kündigung nur als Ultima Ratio eingesetzt werden, d. h. nur dann ausgesprochen werden, wenn es keine anderen Lösungsmöglichkeiten gibt oder erfolglos waren. Das Gericht prüft deshalb, welche anderen Maßnahmen ein Arbeitgeber zur Lösung des Problems ergriffen hat, ohne den Arbeitnehmer kündigen zu müssen. Dabei wird auch untersucht, ob vom Arbeitgeber verlangt werden kann, dass er dem Arbeitnehmer eine andere Tätigkeit innerhalb des Unterneh-

[5] Kündigungsschutzgesetz (*lag (1982:80) om anställningsskydd – LAS*) § 7.

mens anbietet – die sog. *omplaceringsutredning*.[6] Nur dann, wenn der Arbeitnehmer in wesentlicher Hinsicht gegen seine Loyalitätspflichten verstoßen hat, kann die Untersuchungspflicht des Arbeitgebers, ob es eine andere Tätigkeit für den Betroffenen im Unternehmen gibt, eingeschränkt sein oder ganz wegfallen.

Die Rechtsprechung hat bei Arbeitsverweigerung[7], wiederholtem Zuspätkommen[8], schwerwiegende Schwierigkeiten bei der Zusammenarbeit[9], unangemessenem Auftreten oder dem Verstoß gegen die Loyalitätspflichten aus dem Arbeitsvertrag[10] einen sachlichen Kündigungsgrund bejaht. Auch eine nicht nur vorübergehende Schlechtleistung des Arbeitnehmers kann einen sachlichen Kündigungsgrund darstellen, sofern die Schlechtleistung ihren Grund nicht im Alter oder der Krankheit des Arbeitnehmers hat.[11]

Insbesondere bei Kooperationsschwierigkeiten hat der Arbeitgeber hat die Pflicht, dem Arbeitnehmer zuvor mitzuteilen, dass er dessen Verhalten nicht akzeptiert.[12] Eine solche Abmahnung (*erinran*) stellt keine Bestrafung dar, sondern soll den Arbeitnehmer dazu bewegen, sein Verhalten zu ändern, und deutlich machen, dass bei fortgesetztem Fehlverhalten eine Kündigung erfolgen kann. Es empfiehlt sich, die Abmahnung schriftlich auszusprechen. Sie muss deutliche Richtlinien und Instruktionen enthalten, wie das Fehlverhalten geändert werden kann. In der Praxis empfiehlt es sich, eine Abmahnung dann auszusprechen, wenn ein Fehlverhalten vorliegt und der Arbeitgeber die Hoffnung haben kann, dass durch die Abmahnung eine Verhaltensänderung erfolgt.

Kündigungsgrund für die betriebsbedingte Kündigung hingegen ist in Schweden ausschließlich der sog. Arbeitsmangel (*arbetsbrist*). Dem Arbeitgeber obliegt dabei die alleinige Entscheidung, ob in seinem Unternehmen ein solcher Arbeitsmangel vorherrscht. Dies wird vonseiten des Gerichts nicht überprüft. Die Tatsache des Arbeitsmangels an sich gilt bereits als sachlicher Grund. Der Kündigungsschutz der Arbeitnehmer bei Vorliegen von Arbeitsmangel liegt darin, dass der Arbeitgeber in einer solchen Situation nicht frei entscheiden kann, welche Arbeitnehmer er kündigt. Eine Auswahl erfolgt hier vielmehr nach dem sog. Senioritätsprinzip.[13] Ein Arbeitnehmer mit einer längeren Anstellungszeit hat einen stärkeren Kündigungsschutz gegenüber einem mit einer kürzeren Anstellungszeit (*sist-in-först-ut-principen*). Bei gleicher Anstellungszeit hat hingegen der ältere Arbeitnehmer einen stärkeren Kündigungsschutz als der jüngere Arbeitnehmer. In der Praxis wird für jede Betriebseinheit, d. h. ein Gebäude oder eingezäunter Komplex als geographische Einheit (*driftställe*) grundsätzlich eine sog. Bleibeliste (*turordninglista*) erstellt. Insofern können im gleichen Unternehmen mehrere Bleibelisten erstellt werden.

---

[6] Kündigungsschutzgesetz (*lag (1982:80) om anställningsskydd – LAS*) § 7 Absatz 2.

[7] Siehe AD 2002 Nr. 58 und AD 1986 Nr. 62; Zusammenfassungen zu den Urteilen des Arbeitsgerichtes finden sich bei Öman, *Anställningsskydspraxis*.

[8] Zum Beispiel AD Nr. 1976 Nr. 44 und AD 1981 Nr. 140.

[9] Siehe AD 1989 Nr. 99.

[10] Zum Beispiel AD 1982 Nr. 42 und 1993 Nr. 12.

[11] Zum Beispiel AD 1989 Nr. 133.

[12] So AD 1983 Nr. 159.

[13] Kündigungsschutzgesetz (*lag (1982:80) om anställningsskydd – LAS*) § 22.

Bei einer tarifvertraglichen Bindung des Arbeitgebers wird für jeden anzuwendenden Tarifvertrag eine eigene Liste angefertigt. Bei Unternehmen, die Arbeiter und Angestellte beschäftigen, führt dies in der Regel zu einer Bleibeliste für Arbeiter und einer Bleibeliste für Angestellte. Die Gewerkschaft kann die Erstellung einer gemeinsamen Bleibeliste für alle von ihrem Tarifvertrag betroffenen Arbeitnehmer am gleichen Ort verlangen. Der gleiche Ort ist hier mit Gemeinde gleichzusetzen.

Einem Arbeitnehmer, der aufgrund seiner Seniorität von einer betriebsbedingten Kündigung verschont bleibt, dessen Arbeitsplatz aber wegen des Arbeitsmangels wegfällt, wird eine andere Aufgabe zugewiesen. Dies kann entweder die Arbeit eines Kollegen sein, der eine kürzere Anstellungszeit hatte und betriebsbedingt gekündigt wurde oder eine Arbeitsstelle, die aufgrund einer Umstrukturierung entstanden ist. Diese Tätigkeit kann der Arbeitnehmer jedoch nur dann ausüben, wenn er über ausreichende Qualifikationen für die neue Tätigkeit verfügt.[14] Auch hier wird der Arbeitnehmer eine kürzere Einarbeitungszeit verlangen dürfen.

Ein Arbeitgeber mit höchstens zehn Mitarbeitern darf, bevor die Bleibeliste erstellt wird, zwei Arbeitnehmer, die für den weiteren Betrieb von besonderer Bedeutung sind, von einer betriebsbedingten Kündigung ausnehmen.[15] Diese Regel muss als Zugeständnis für Kleinunternehmen gesehen werden, da das schwedische Kündigungsschutzgesetz bereits für Unternehmen ab nur einem Mitarbeiter anzuwenden ist und nicht wie in Deutschland erst ab einer Mitarbeiterzahl von zehn Arbeitnehmern.

Gewerkschaften und tarifvertragsgebundene Arbeitgeber können von der gesetzlich vorgeschriebenen Kündigungsreihenfolge durch einen lokalen oder zentralen Tarifvertrag mit einer sog. vertraglichen Bleibeliste (*avtalsturlista*) vollständig abweichen. Bei einer solchen Vereinbarung können anstelle des Senioritätsprinzips andere Kriterien zur Auswahl der Arbeitnehmer auf der Bleibeliste genutzt werden. Dies können fachliche und persönliche Qualifikationen oder soziale Kriterien wie Alter, Versorgungspflicht oder auch die Dauer der Betriebszugehörigkeit sein. Eine vertragliche Bleibeliste ist gerichtlich nicht nachprüfbar. Nur bei Verstößen gegen Diskriminierungsverbote oder gegen die Sitten und Gebräuche auf dem Arbeitsmarkt sind sie gerichtlich angreifbar. Eine vertragliche Bleibeliste bindet alle Arbeitnehmer im Betrieb – unabhängig davon, ob sie Mitglied in einer anderen Gewerkschaft oder nicht Gewerkschaftsmitglied sind, solange ihre Tätigkeit unter den anzuwendenden Tarifvertrag fällt.

Da es in Schweden im Rahmen von betriebsbedingten Kündigungen weder die Pflicht gibt, einen Sozialplan zu erstellen noch einen Interessensausgleich abzuschließen, sondern vielmehr das Senioritätsprinzip in Verbindung mit dem Erfordernis ausreichender Qualifikation für die neuen Arbeitsaufgaben gilt, lässt sich die oben beschriebene vertragliche Bleibeliste noch am ehesten mit einem Sozialplan und dessen sozialen Anforderungskriterien vergleichen.

[14] Kündigungsschutzgesetz (*lag (1982:80) om anställningsskydd – LAS*) § 22 Absatz 4.
[15] Kündigungsschutzgesetz (*lag (1982:80) om anställningsskydd – LAS*) § 22 Absatz 2.

Hinsichtlich der Kündigungsfristen gilt Folgendes: Die Mindestkündigungsfrist des Kündigungsschutzgesetzes liegt bei einem Monat.[16] Die Kündigung muss nicht zum Monatsende erfolgen. Wird eine Kündigung beispielsweise am 17. März ausgesprochen und beträgt die Kündigungsfrist einen Monat, endet das Arbeitsverhältnis am 17. April.

Die gesetzliche Kündigungsfrist für eine Kündigung durch den Arbeitnehmer liegt – unabhängig von der Dauer der Anstellung – ebenfalls bei einem Monat.

Die gesetzliche Kündigungsfrist bei einer Kündigung durch den Arbeitgeber für Arbeitsverhältnisse, die nach dem 1. Januar 1997 abgeschlossen wurden, ist abhängig von der Dauer des Beschäftigungsverhältnisses:

- bei einer Anstellungszeit von insgesamt bis zu zwei Jahren gilt die einmonatige Kündigungsfrist,
- bei einer Anstellung von zwei bis vier Jahren beläuft sich die Frist auf zwei Monate,
- bei einer Anstellungszeit von vier bis sechs Jahren sind dies drei Monate,
- bei sechs bis acht Jahren sind es vier Monate,
- bei einer Anstellungszeit von acht bis zehn Jahren sind dies fünf Monate und
- bei mehr als zehn Jahren Anstellungszeit beträgt die Kündigungsfrist sechs Monate.[17]

Frühere Anstellungen – auch im gleichen Konzern – oder vor einem Betriebsübergang werden bei der Berechnung der Kündigungsfrist mit berücksichtigt – unabhängig davon, ob der Arbeitnehmer zwischenzeitlich bei einem anderen Arbeitgeber beschäftigt war.[18]

Für Arbeitsverhältnisse, die vor dem 1. Januar 1997 eingegangen wurden, hängt die Kündigungsfrist bei der Kündigung durch den Arbeitgeber vom Alter des Arbeitnehmers ab, wobei auch hier eine Mindestkündigungsfrist von einem Monat besteht. War der Arbeitnehmer vor der Kündigung

- sechs Monate ununterbrochen oder insgesamt zwölf Monate beim Arbeitgeber angestellt und zwischen 25 und 30 Jahren alt, beträgt die Kündigungsfrist zwei Monate,
- ist er zwischen 30 und 35 Jahre alt, beläuft sie sich auf drei Monate,
- ist er zwischen 35 und 40 Jahre alt, beträgt sie vier Monate und
- fünf Monate, wenn der Arbeitnehmer zwischen 40 und 45 Jahre alt ist,
- ist er älter als 45 Jahre, beträgt die Kündigungsfrist sechs Monate.[19]

Es ist jedoch aufgrund des Verbots der Altersdiskriminierung fraglich, ob diese Kündigungsfristen weiterhin noch Geltung haben. In der Praxis jedoch dürfte der Fall, dass die alten Regelungen eine kürzere Kündigungsfrist als die neuen Regelungen vorsehen, nicht vorkommen.

[16] Kündigungsschutzgesetz (*lag (1982:80) om anställningsskydd – LAS*) § 11.
[17] Kündigungsschutzgesetz (*lag (1982:80) om anställningsskydd – LAS*) § 11.
[18] Kündigungsschutzgesetz *(lag (1982:80) om anställningsskydd – LAS)* § 3.
[19] Kündigungsschutzgesetz *(lag (1982:80) om anställningsskydd – LAS)* § 11.

Arbeitnehmer, die 67 Jahre und älter sind, haben eine Kündigungsfrist von nur einem Monat.[20]

Das Kündigungsschutzgesetz erlaubt eine abweichende Regelung der Kündigungsfristen durch Tarifverträge. Von dieser Möglichkeit haben viele Tarifverträge für Angestellte Gebrauch gemacht. Hier gilt für einen Angestellten, der bei einer betriebsbedingten Kündigung 55 Jahre alt ist und zehn Jahre ununterbrochen beim Arbeitgeber angestellt war, dass sich die Kündigungsfrist um sechs Monate verlängert (sog. goldene Armbanduhrregel).

Der Arbeitnehmer hat während der Kündigungsfrist das Recht auf Lohnfortzahlung und geldwerten Vorteile,[21] wie zum Beispiel Dienstwagen[22], Handy etc.

Der Arbeitgeber kann den Arbeitnehmer während der Kündigungsfrist nicht gegen seinen Willen in Urlaub schicken[23]. Anders ist dies, wenn der Arbeitnehmer damit einverstanden ist. Verstößt der Arbeitgeber gegen diese Regel, drohen ihm Schadensersatzforderungen. Eine Ausnahme von dem Verbot, den Arbeitnehmer gegen seinen Willen in Urlaub zu schicken, besteht nur dann, wenn die Kündigungsfrist über sechs Monaten liegt.[24]

Grundsätzlich kann der Arbeitgeber für den Fall, dass der Arbeitnehmer während der Kündigungsfrist freigestellt ist, dessen Einkünfte aus einer anderen Tätigkeit vom Gehalt abziehen.[25] In der Praxis erfolgt jedoch häufig eine Freistellung unter Verzicht auf diese Abzugsmöglichkeit.

Der Arbeitgeber hat kein Recht, den Arbeitnehmer während der Kündigungsfrist an einen anderen Ort zu versetzen, wenn dadurch die Möglichkeit des Arbeitnehmers, eine neue Stelle zu finden, erheblich verschlechtert wird.[26]

Bei der verhaltens- und personenbedingten Kündigung muss der Arbeitgeber den Arbeitnehmer und dessen Gewerkschaft mindestens zwei Wochen vor Ausspruch der Kündigung über die geplante Kündigung unterrichten. Der Arbeitnehmer und dessen Gewerkschaft haben danach eine Woche Zeit, eine Anhörung (*överläggning*) über die geplante Kündigung mit dem Arbeitgeber zu verlangen.[27] Sofern eine solche Anhörung verlangt wird, muss der Arbeitgeber mit dem Ausspruch der Kündigung warten, bis die Anhörung stattgefunden hat.

Die Anhörung selbst muss zu keinem Ergebnis führen. Es ist in der Praxis für den Arbeitgeber jedoch eine gute Möglichkeit zu erkennen, wie Arbeitnehmer bzw. Gewerkschaft auf die geplante Kündigung reagieren, d. h. wie groß die Wahrscheinlichkeit ist,

---

[20] Kündigungsschutzgesetz (*lag (1982:80) om anställningsskydd – LAS*) § 33 Absatz 3.
[21] Kündigungsschutzgesetz (*lag (1982:80) om anställningsskydd – LAS*) § 12.
[22] Hier kommt es allerdings auch darauf an, ob der Arbeitnehmer in der Kündigungsfrist freigestellt ist und ob er den Dienstwagen auch privat nutzen darf.
[23] Urlaubsgesetz (*semesterlag* (*1977:480*)) § 14 Absatz 1.
[24] Urlaubsgesetz (*semesterlag* (*1977:480*)) § 14 Absatz 3.
[25] Kündigungsschutzgesetz (*lag (1982:80) om anställningsskydd – LAS*) § 13.
[26] Kündigungsschutzgesetz (*lag (1982:80) om anställningsskydd – LAS*) § 14.
[27] Kündigungsschutzgesetz (*lag (1982:80) om anställningsskydd – LAS*) § 30.

dass eine Kündigungsschutzklage erhoben wird, die Kündigung hingenommen wird oder eine andere Lösung zum Beispiel in Form eines Aufhebungsvertrages erreicht werden kann. Bei dieser Anhörungspflicht des Arbeitgebers handelt es sich um eine Ordnungsvorschrift. Unterbleibt die Ankündigung der Kündigung vor Ausspruch der Kündigung oder kündigt der Arbeitgeber, bevor die Anhörung erfolgt ist, ist die Kündigung dennoch rechtswirksam. Der Arbeitgeber kann sich aber gegenüber dem Arbeitnehmer und der Gewerkschaft schadensersatzpflichtig machen. Die Unterrichtung des Arbeitnehmers sollte aus Beweisgründen am besten schriftlich und per Einschreiben erfolgen. Sofern der Arbeitgeber nicht weiß, ob der Arbeitnehmer Mitglied einer Gewerkschaft ist, muss er diesen danach fragen. Auch diese Frage wird am besten schriftlich im Rahmen eines Formulars gestellt, auf welches der Arbeitgeber sich dann berufen kann.

Bei einer personenbedingten Kündigung darf der Arbeitgeber sich nicht nur auf Umstände berufen, die ihm länger als zwei Monate vor Ausspruch der Kündigung bekannt waren (sog. Zweimonatsregel).[28] Er darf auch frühere Umstände geltend machen, solange er diese zusammen mit den Umständen, die er weniger als zwei Monate kannte, geltend macht. Bei fortdauernden Verstößen gegen den Arbeitsvertrag, wie zum Beispiel Kooperationsschwierigkeiten oder Schlechtleistung, wird die Zweimonatsregel jedoch nicht angewandt. Hier reicht es aus, dass die Probleme auch während der Zweimonatsfrist bestanden. Die Frist ist jedoch von Relevanz, wenn es sich um spezifische Ereignisse wie Zuspätkommen oder Belästigung durch den Arbeitnehmer handelt.

In Schweden gibt es – anders als in Deutschland – keinen besonderen Kündigungsschutz für Arbeitnehmer, die sich in Elternzeit befinden. Diese dürfen allerdings nicht aufgrund der Elternzeit gekündigt werden, können aber gleichwohl wegen anderer sachlicher Gründe (insbesondere betriebsbedingt) gekündigt werden. Die Kündigungsfrist beginnt jedoch erst zu dem Zeitpunkt, an dem der Arbeitnehmer aus der Elternzeit zurückkehrt und seine Arbeit wieder aufnimmt oder nach seinem eigenen Elternzeitantrag, so wie er zum Zeitpunkt der Kündigung bestand, wieder aufnehmen wollte. Diese Frist gilt unabhängig davon, ob im Anschluss eine weitere Elternzeitperiode bewilligt wurde.

Ein besonderer Kündigungsschutz für behinderte Arbeitnehmer besteht in Schweden nicht. Bei betriebsbedingten Kündigungen wird allerdings ein Arbeitnehmer, der wegen seiner eingeschränkten Leistungsfähigkeit eine bestimmte Arbeitsaufgabe hat, von der Kündigung verschont, solange diese Arbeitsaufgaben auch nach der Betriebsänderung noch bestehen.[29]

Im Fall von betriebsbedingten Kündigungen am Arbeitsplatz eines gewerkschaftlichen Vertrauensmannes wird diesem bei der Kündigungsreihenfolge Vorrang eingeräumt, sofern seine Tätigkeit auch weiterhin von besonderer Bedeutung für die gewerkschaftliche Tätigkeit am Arbeitsplatz ist.[30] Falls der Arbeitgeber nicht alle Mitarbeiter entlässt, wird

[28] Kündigungsschutzgesetz *(lag (1982:80) om anställningsskydd – LAS)* § 7 Absatz 4.
[29] Kündigungsschutzgesetz (*lag (1982:80) om anställningsskydd – LAS*) § 23.
[30] Gesetz über den gewerkschaftlichen Vertrauensvertreter am Arbeitsplatz (*lag (1974:358) om facklig förtroendemans ställning på arbetsplatsen*) § 8.

der Vertrauensmann also in der Regel seine Anstellung behalten können. Entlässt der Arbeitgeber den Vertrauensmann entgegen dieser Regelungen, so ist diese Kündigung ungültig. Fällt die Stelle des Vertrauensmannes hingegen bei einer Umstrukturierung weg und soll er eine andere Tätigkeit beim Arbeitgeber ausüben, so muss er über ausreichende Qualifikationen hierzu verfügen.

Besonderheiten gelten bei der sogenannten Massenentlassung: Unter einer Massenentlassung (*kollektiv uppsägning*) werden die Kündigungen durch den Arbeitgeber verstanden, die nicht in der Person des Arbeitnehmers liegen, sondern betriebsbedingt sind. In Schweden sind dies ausschließlich Kündigungen wegen Arbeitsmangel. Im Rahmen der betrieblichen Mitbestimmung besteht bei der Massenentlassung eine Informations- und primäre Verhandlungspflicht des Arbeitgebers mit der betrieblichen Arbeitnehmervertretung, d. h. den betrieblichen Gewerkschaftsvereinigungen.[31] Diese sind im schwedischen Betrieblichen Mitbestimmungsgesetz[32] geregelt und gelten auch für den Fall der einzelnen betriebsbedingten Kündigung.

Darüber hinaus muss der Arbeitgeber bei einer geplanten Massenentlassung, die mehr als fünf Arbeitnehmer betrifft, dem Arbeitsamt eine Massenentlassungsanzeige *(varsel)* erstatten.[33] Im Einzelnen gelten hierbei folgende Fristen:

- sind zwischen fünf und 25 Arbeitnehmer betroffen, muss die Anzeige dem Arbeitsamt mindestens zwei Monate vor dem letzten Anstellungstag des Arbeitnehmers mit der kürzesten Kündigungsfrist zugehen,
- sind zwischen 25 und 100 Arbeitnehmer betroffen, muss die Anzeige mindestens vier Monate und
- sollen mehr als 100 Arbeitnehmer entlassen werden, muss die Anzeige mindestens sechs Monate vorab erfolgen.

Verstößt ein Arbeitgeber gegen diese Pflichten, kann ihm das Arbeitsamt ein Bußgeld auferlegen.

Die Massenentlassungsanzeige hat in Schweden eine nahezu politische Dimension. Im Rahmen von größeren Umstrukturierungen werden Massenentlassungsanzeigen von den Medien regelmäßig in die Schlagzeilen aufgenommen. Wie viele Arbeitnehmer am Ende der Verhandlungen tatsächlich betriebsbedingt entlassen werden, scheint nicht mehr so interessant zu sein – zumindest wird hierüber kaum in den Medien berichtet. Häufig liegen die Zahlen der betroffenen Arbeitnehmer in den Massenentlassungsanzeigen weit über den am Ende tatsächlich betroffenen Arbeitnehmern. Dies kann zum einen daran liegen, dass die Arbeitgeber einen gewissen Verhandlungsspielraum haben möchten und von den Gewerkschaften möglicherweise ein Entgegenkommen erwarten, wenn tatsächlich weniger

---

[31] Betriebliches Mitbestimmungsgesetz (*lag (19767:580) om medbestämmande i arbetslivet – MBL*) §§ 11–15 und 19.

[32] *Lag (19767:580) om medbestämmande i arbetslivet – MBL.*

[33] Gesetz über anstellungsbegünstigende Maßnahmen (*lag (1974:13) om vissa anställningsfrämjande åtgärder*) §§ 1 und 2.

Arbeitnehmer als ursprünglich angekündigt entlassen werden. Auch die Gewerkschaften haben natürlich ein Interesse daran, die Zahl der tatsächlich entlassenen Kollegen im Vergleich zu der angekündigten Zahl gering zu halten.

Manche Tarifverträge haben folgende Sonderregel: Wird in einem Betrieb, der mehr als 50 Mitarbeiter hat, eine Massenentlassung geplant, so haben die Gewerkschaften nach einer gesonderten Verhandlung das Recht auf die Ernennung eines Arbeitnehmerberaters (*arbetstagarkonsult*). Dieser soll den Gewerkschaften kompliziertere wirtschaftliche Zusammenhänge im Rahmen einer geplanten Massenentlassung erklären, so dass die Gewerkschaftsvertreter die Unterlagen, die der Arbeitgeber vorlegt, ohne Probleme verstehen können. Die Kosten für den Berater trägt der Arbeitgeber in angemessenem Umfang.[34]

In Schweden gibt es in den Unternehmen keine Betriebsräte. Vielmehr muss der Arbeitgeber vor jeder wichtigen Veränderung seiner betrieblichen Tätigkeit Verhandlungen mit den Gewerkschaften, an die er tarifvertraglich gebunden ist, aufnehmen.[35] Nur bei Vorliegen außerordentlicher Gründe kann der Arbeitgeber eine wichtige Veränderung auch ohne Verhandlung mit den Gewerkschaften durchführen.[36] Diese Ausnahme wird jedoch nur in seltenen Fällen angewandt.

Auf der Betriebsebene sind die lokalen gewerkschaftlichen Vertretungen die Parteien, mit welchen der Arbeitgeber verhandelt. Wird auf dieser Ebene keine Einigung erzielt, kann die Verhandlung auf Antrag der Gewerkschaft auf eine zentrale Ebene, d. h. Arbeitgeberverband und zentrale Gewerkschaftsvereinigung, verlagert werden.[37] Erfolgt auch hier keine Einigung, hat der Arbeitgeber zumindest seine Verhandlungspflicht erfüllt. Führt der Arbeitgeber wichtige Veränderungen durch oder spricht er Kündigungen wegen Arbeitsmangel aus, ohne zuvor seiner primären Verhandlungspflicht nachzukommen, sind zwar die Veränderungen bzw. ausgesprochenen Kündigungen wirksam, die Gewerkschaft kann aber einen Schadensersatzanspruch gegen den Arbeitgeber haben.

Bei einer Kündigung durch den Arbeitgeber bestehen nur im Rahmen von Kündigungen wegen Arbeitsmangel echte primäre Verhandlungspflichten.[38] Ein Arbeitgeber, der eine oder mehrere Arbeitnehmer wegen Arbeitsmangel kündigen will, muss vor Ausspruch der Kündigung mit den Gewerkschaften verhandeln, in welcher der oder die Betroffenen Mitglied sind. Dies gilt auch, wenn der Arbeitgeber nicht tarifvertraglich gebunden ist. Sollen also gewerkschaftsangehörige Mitarbeiter wegen Arbeitsmangel gekündigt werden, so muss der Arbeitgeber mit deren Gewerkschaften verhandeln, auch wenn er gerade keinen Tarifvertrag mit der betroffenen Gewerkschaft oder überhaupt keine tarifvertragli-

[34] So der Tarifvertrag *Utvecklingsavtal*, der Teil der Tarifverträge *Teknikavtalen* ist.

[35] Betriebliches Mitbestimmungsgesetz (*lag (1976:580) om medbestämmande i arbetslivet – MBL*) § 11 Absatz 1.

[36] Betriebliches Mitbestimmungsgesetz (*lag (1976:580) om medbestämmande i arbetslivet – MBL*) § 11 Absatz 2.

[37] Betriebliches Mitbestimmungsgesetz (*lag (1976:580) om medbestämmande i arbetslivet – MBL*) § 14.

[38] Kündigungsschutzgesetz (*lag (1982:80) om anställningsskydd – LAS*) § 29, der auf das Betriebliche Mitbestimmungsgesetz (*lag (1976:580) om medbestämmande i arbetslivet – MBL*) §§ 11–14 verweist.

che Bindung hat.[39] Der Arbeitgeber muss die Mitarbeiter hierbei nach einer gewerkschaftlichen Mitgliedschaft fragen. Nur wenn seine Mitarbeiter keine Gewerkschaftsmitglieder sind und er nicht tarifvertraglich gebunden ist, hat er keine Verhandlungspflicht. In diesem Fall hat er keinen Verhandlungspartner und kann die betriebsbedingte Kündigung direkt aussprechen. Schwedische Gewerkschaften sind bei betriebsbedingten Kündigungen aber grundsätzlich kooperativ. Einigen sich die Parteien im Rahmen der Verhandlungen, wird auch der betroffene Arbeitnehmer in der Regel anschließend nicht vor Gericht gehen. Der einzelne Arbeitnehmer kann ohnehin einen Verstoß gegen die gesetzliche Kündigungsreihenfolge (*turordning*), wer also bleiben darf und wer gehen muss, nicht vor Gericht geltend machen.

Der Arbeitgeber muss die Gewerkschaft(en) vor den Verhandlungen über folgende Punkte informieren:

- die Gründe für die geplanten Kündigungen,
- die Zahl der geplanten Kündigungen,
- die Anzahl der Arbeitnehmer insgesamt und welche Tätigkeiten diese ausüben,
- wann die Kündigungen ausgesprochen werden sollen und die Berechnungsmethoden für eventuelle zusätzliche finanzielle, über Gesetz und Tarifvertrag hinausgehende Kompensationen.

Die Aufforderung (*kallelse*) an die Gewerkschaft zur Durchführung von Verhandlungen sollte schon aus Beweisgründen schriftlich erfolgen. Weiterhin muss sie derart rechtzeitig erfolgen, dass der Arbeitgeber bei der Entscheidung über die Kündigung die Auffassung der Gewerkschaft mit einbeziehen kann. Bei der Verhandlung, die aus einer oder mehreren Treffen mit den Gewerkschaften bestehen können, soll der Arbeitgeber zum einen darlegen, warum er sich genötigt sieht, betriebsbedingte Kündigungen auszusprechen. Zum anderen muss er den Standpunkt der Gewerkschaft hinsichtlich der geplanten Kündigungen anhören. Letztendlich entscheidet der Arbeitgeber, ob und wie viele Mitarbeiter er kündigen wird. Die Verhandlungen müssen insofern nicht unbedingt zu einem Ergebnis führen.

Verstößt der Arbeitgeber bei seiner Entscheidung gegen das Senioritätsprinzip oder die Anforderungen der ausreichenden Qualifikation, muss er sich hierfür möglicherweise vor Gericht verantworten. Die Verhandlungen zwischen Arbeitgeber und Gewerkschaft können auf unterschiedliche Art und Weise beendet werden:

- die Parteien einigen sich,
- die Parteien sind sich zumindest darüber einig, dass die Verhandlungen abgeschlossen sind, auch wenn eine Einigung nicht erreicht wurde oder
- die Partei, die ihre Verhandlungspflicht erfüllt hat, gibt der anderen Partei schriftlich Bescheid, dass man die Verhandlungen abbricht.

[39] Betriebliches Mitbestimmungsgesetz (*lag (1976:580) om medbestämmande i arbetslivet – MBL*) § 13, der auf § 11 verweist.

In den ersten beiden Fällen wird in der Regel ein Protokoll über das Ergebnis der Verhandlungen erstellt und von den Parteien unterzeichnet. Die primäre Verhandlungspflicht des Arbeitgebers nach dem Betrieblichen Mitbestimmungsgesetz vor Ausspruch einer Kündigung wegen Arbeitsmangel besteht im Übrigen auch für die Arbeitnehmer, die nicht vom Kündigungsschutzgesetz erfasst sind.

8.3 Außerordentliche Kündigung durch den Arbeitgeber

Die außerordentliche Kündigung durch den Arbeitgeber muss schriftlich erfolgen und eine Rechtsbehelfsbelehrung enthalten.[40]

Eine außerordentliche Kündigung muss dem Arbeitnehmer persönlich übergeben werden. Nur für den Fall, dass dies nicht möglich ist, kann die Kündigung per Einschreiben an die zuletzt bekannte Adresse des Arbeitnehmers versendet werden. Die Kündigung ist dem Arbeitnehmer zugegangen, wenn sie ihm überreicht wurde und er sie zur Kenntnis hat nehmen können. Bei einer Versendung per Einschreiben wird der Zugang zehn Tage nach Aufgabe des Einschreibens bei der Post vermutet. Befindet sich der Arbeitnehmer im Urlaub, gilt die Kündigung frühestens mit dem ersten Tag nach Beendigung des Urlaubs als zugegangen.[41]

Der Arbeitgeber kann nur dann eine außerordentliche Kündigung aussprechen, wenn der Arbeitnehmer in grober Weise (*på ett grovt sätt*) gegen die Pflichten aus dem Arbeitsverhältnis verstoßen hat und dieses Verhalten in keinem Arbeitsverhältnis geduldet werden muss.[42] Das Verhalten des Arbeitnehmers muss daher geeignet sein, das Verhältnis zwischen Arbeitgeber und Arbeitnehmer so ernsthaft zu schädigen, dass eine Fortsetzung des Arbeitsverhältnisses vom Arbeitgeber nicht verlangt werden kann.

Grundsätzlich lässt sich eine außerordentliche Kündigung in folgenden Fällen rechtfertigen:

- grob illoyales Verhalten des Arbeitnehmers gegenüber dem Arbeitgeber: Dies können zum Beispiel Vermögensdelikte wie Diebstahl, Unterschlagung oder auch ein Verstoß gegen das Wettbewerbsverbot während der Anstellung sein,[43]
- Gewalt oder Drohung mit Gewalt, sexuelle Belästigung oder ein anderes strafrechtlich relevantes Verhalten am oder im nahen Zusammenhang mit dem Arbeitsplatz oder gegenüber Kollegen,[44]
- unentschuldigtes Fehlen am Arbeitsplatz oder Arbeitsverweigerung in schweren Fällen.[45]

[40] Kündigungsschutzgesetz (*lag (1982:80) om anställningsskydd – LAS*) § 19.
[41] Kündigungsschutzgesetz (*lag (1982:80) om anställningsskydd – LAS*) § 20.
[42] Siehe Kündigungsschutzgesetz (*lag (1982:80) om anställningsskydd – LAS*) § 18.
[43] Siehe zum Beispiel AD 2012 Nr. 40, AD 2011 Nr. 57 und AD 2009 Nr. 40.
[44] Siehe AD 1994 Nr. 46 mit Verweisen zu entsprechenden Urteilen bei vermögensrechtlichen Delikten; siehe auch AD 2012 Nr. 49 und AD 2013 Nr. 12 zur sexuellen Belästigung durch Kollegen.
[45] Siehe zum Beispiel AD 2002 Nr. 35, AD 2008, Nr. 43 und AD 2011 Nr. 34.

Eine Bewertung der Umstände im Einzelfall muss stattfinden. An Arbeitnehmer in Vertrauens- und Führungspositionen können höhere Anforderungen gestellt werden.

Die oben beschriebene Zweimonatsregel gilt auch bei der außerordentlichen Kündigung.[46]

Die außerordentliche Kündigung wird mit Zugang der Kündigung wirksam. Das Arbeitsverhältnis endet unmittelbar danach.

Auch bei der außerordentlichen Kündigung gibt es eine Pflicht zur Ankündigung der geplanten fristlosen Kündigung sowie das Recht von Arbeitnehmer und Gewerkschaft auf eine Anhörung in Form eines Gesprächs mit dem Arbeitgeber (*överläggning*).[47] Die Ankündigung muss im Falle der fristlosen Kündigung allerdings nur eine Woche vor Ausspruch der Kündigung erfolgen. Ansonsten gelten die schon oben zur ordentlichen Kündigung beschriebenen Regelungen. Dass eine fristlose Kündigung angekündigt werden muss, mag befremdlich klingen. Im Hinblick darauf, dass ein klärendes Gespräch mit dem Arbeitnehmer bzw. dessen Gewerkschaft einen Rechtsstreit vor Gericht möglicherweise verhindern kann, ist die eine durchaus sinnvolle und typisch „schwedische" Lösung.

8.4 Kündigung durch den Arbeitnehmer

Der Arbeitnehmer kann seine Anstellung mit der gesetzlichen Frist von einem Monat kündigen.[48] Die Kündigung muss aber nicht zum Monatsende erfolgen. Da die Kündigung durch den Arbeitnehmer auch mündlich ausgesprochen werden kann, empfiehlt es sich, im Arbeitsvertrag eine Klausel mit der Verpflichtung aufzunehmen, dass die Kündigung durch den Arbeitnehmer ebenfalls schriftlich erfolgen muss.

Die Kündigungsfrist beginnt, wenn dem Arbeitgeber die Kündigung zugeht. Eine vertragliche Verlängerung der Kündigungsfrist bei einer Kündigung durch den Arbeitnehmer auf maximal drei Monate ist zulässig, wenn dies auf Gegenseitigkeit beruht. Eine Verlängerung der Kündigungsfrist bei der Kündigung durch den Arbeitnehmer darüber hinaus ist hingegen nicht zulässig, auch wenn sich die Kündigungsfrist bei der Kündigung durch den Arbeitgeber mit zunehmender Anstellungszeit entsprechend verlängert.

Eine Kündigung kann auch durch konkludentes Verhalten des Arbeitnehmers erfolgen. Diese Möglichkeit besteht, da es kein gesetzliches Schriftformerfordernis für eine Kündigung durch den Arbeitnehmer gibt. In der Praxis wird dies jedoch selten vorkommen. Die Absicht des Arbeitnehmers, seine Arbeit nicht mehr ausüben zu wollen, muss in einem solchen Fall sehr deutlich werden.

Ein Arbeitnehmer, der seine Arbeit kündigt, ist grundsätzlich an diese Kündigung gebunden. Nimmt er seine Kündigung zurück, ist der Arbeitgeber nicht verpflichtet, sich darauf einzulassen und die Rücknahme der Kündigung zu akzeptieren. Etwas anderes gilt

[46] Kündigungsschutzgesetz (*lag (1982:80) om anställningsskydd – LAS*) § 18 Absatz 2.

[47] Kündigungsschutzgesetz (*lag (1982:80) om anställningsskydd – LAS*) § 18 Absatz 1.

[48] Kündigungsschutzgesetz (*lag (1982:80) om anställningsskydd – LAS*) § 11.

ausnahmsweise nur dann, wenn die Kündigung im Affekt ausgesprochen wurde oder der Mitarbeiter zum Beispiel aufgrund der Kritik des Arbeitgebers an seiner Arbeit so erregt war, dass er kurzerhand gekündigt hat. Erfolgt die Rücknahme einer solchen Kündigung durch den Arbeitnehmer zeitnah zu seiner Kündigung, muss der Arbeitgeber in der Regel die Rücknahme hinnehmen. Die Kündigung ist dann gegenstandslos.[49]

Die Regelungen des Kündigungsschutzgesetzes zur Kündigung können nur durch Tarifvertrag zum Nachteil des Arbeitnehmers abgeändert werden.

Hält der Arbeitnehmer sich nicht an die für ihn geltende Kündigungsfrist und steht er dem Arbeitgeber vorzeitig nicht mehr zur Verfügung, kann dieser einen Schadensersatzanspruch gegen den Arbeitnehmer haben.[50]

Der Arbeitnehmer kann seinen Arbeitsvertrag fristlos kündigen, wenn der Arbeitgeber gegenüber dem Arbeitnehmer in wesentlicher Art und Weise gegen seine Pflichten aus dem Arbeitsvertrag verstoßen hat.[51]

Dies kann zum Beispiel ein strafrechtlich relevantes Verhalten des Arbeitgebers gegenüber dem Arbeitnehmer sein. Auch ein längeres Ausbleiben der Gehaltszahlung kann dem Arbeitnehmer das Recht zum Ausspruch einer außerordentlichen Kündigung geben.

Die außerordentliche Kündigung von Seiten des Arbeitnehmers kann mündlich erfolgen. Der Arbeitnehmer kann zudem einen Schadensersatzanspruch gegen den Arbeitgeber für den wirtschaftlichen Schaden, den er aufgrund des Verhaltens des Arbeitgebers erlitten hat, geltend machen.

8.5 Auflösung in der Probezeit

Soll die Probezeit vorzeitig abgebrochen werden oder nach ihrem Ablauf nicht in eine unbefristete Anstellung übergehen, muss der Arbeitgeber dem Arbeitnehmer dies mindestens zwei Wochen vor Ablauf der Probezeit mitteilen.[52] Die Mitteilung muss nicht schriftlich erfolgen; aus Beweisgründen empfiehlt sich allerdings eine schriftliche Nachricht. Gründe für den Abbruch der Probezeit oder die Nichtübernahme in ein unbefristetes Arbeitsverhältnis müssen nicht angegeben werden. Der Abbruch oder die Nichtübernahme darf jedoch nicht wegen eines gewerkschaftlichen Engagements oder wegen einer geplanten Elternzeit erfolgen. Die gesetzlichen Diskriminierungsverbote müssen auch in der Probezeit beachtet werden.

Sofern der Arbeitnehmer Gewerkschaftsmitglied ist, muss der Arbeitgeber gleichzeitig die Gewerkschaft über den Abbruch oder die Nichtübernahme in eine unbefristete Anstellung unterrichten. Gewerkschaft und Arbeitnehmer haben dann das Recht auf eine Anhörung (*överläggning*) durch den Arbeitgeber. Dieses Gespräch bezieht sich in der

[49] Arbeitsgericht (*Arbetsdomstolen*) AD 1982 Nr. 117.
[50] Kündigungsschutzgesetz (*lag (1982:80) om anställningsskydd – LAS*) § 38 Absatz 1 Satz 2.
[51] Kündigungsschutzgesetz (*lag (1982:80) om anställningsskydd – LAS*) § 4 Absatz 3.
[52] Kündigungsschutzgesetz (*lag (1982:80) om anställningsskydd – LAS*) § 31.

Regel auf den Inhalt und die Bedeutung der Mitteilung, die Gründe, warum eine weitere Anstellung nicht in Frage kommt, und die Konsequenzen für den Arbeitnehmer. In der Praxis sind solche Gesprächswünsche der Gewerkschaft jedoch selten. Falls der Arbeitgeber nicht weiß, ob sein Mitarbeiter Gewerkschaftsmitglied ist, muss er diesen zu seiner Mitgliedschaft befragen. Dies geschieht aus Beweisgründen am besten schriftlich.

Erfolgt die Mitteilung des Arbeitgebers nicht innerhalb der Zweiwochenfrist, geht die Probezeit trotzdem nicht in eine unbefristete Anstellung über. Der Arbeitgeber kann dann aber dem Arbeitnehmer und der Gewerkschaft gegenüber schadensersatzpflichtig werden.

Will der Arbeitnehmer die Probezeit vorzeitig abbrechen, ist er an keine Fristen gebunden, es sei denn, diese wären vertraglich vereinbart.

8.6 Beendigung von anderen befristeten Arbeitsverhältnissen

Ein befristetes Arbeitsverhältnis endet in der Regel mit Ablauf der Befristung. Eine Kündigung des Arbeitsverhältnisses vor Ablauf der Befristung ist grundsätzlich nicht möglich – auch nicht für den Arbeitnehmer. Eine solche Option muss ausdrücklich zwischen den Parteien vereinbart werden. Das führt in der Praxis dazu, dass bei Ausspruch betriebsbedingter Kündigungen die Arbeitnehmer mit einem unbefristeten Arbeitsvertrag gekündigt werden können, nicht aber die Arbeitnehmer mit einem befristeten Arbeitsvertrag. Eine außerordentliche Kündigung ist hingegen auch vor Ablauf der Frist möglich.

Dauerte die Befristung während der letzten drei Jahre insgesamt länger als zwölf Monate, muss der Arbeitnehmer mindestens einen Monat vor Ende der Befristung eine Benachrichtigung vom Arbeitgeber erhalten, dass das Arbeitsverhältnis nicht fortgesetzt wird. Diese Benachrichtigung muss schriftlich erfolgen. Der Arbeitgeber trägt die Beweislast dafür, dass sie dem Arbeitnehmer zugegangen ist. In der Praxis empfiehlt sich eine persönliche Übergabe oder ein Einschreiben. Die Benachrichtigung muss eine Rechtsbehelfsbelehrung sowie eine Information zu einem möglichen bevorzugten Wiedereinstellungsrecht und dessen Geltendmachung enthalten.[53]

Sofern der Arbeitnehmer Mitglied einer Gewerkschaft ist, muss auch diese darüber informiert werden, dass das Arbeitsverhältnis nicht fortgesetzt wird.[54] Der Gewerkschaft kann eine Kopie der Benachrichtigung an den Arbeitnehmer geschickt werden. Diese Verpflichtung zur Information der Gewerkschaft besteht unabhängig von einer möglichen tarifvertraglichen Bindung. Der Arbeitgeber ist verpflichtet, den Arbeitnehmer wegen einer eventuellen Gewerkschaftszugehörigkeit zu befragen. Auch hier empfiehlt sich in der Praxis aus Beweisgründen die Übergabe eines Frageformulars zur Gewerkschaftsmitgliedschaft.

---

[53] Kündigungsschutzgesetz (*lag (1982:80) om anställningsskydd – LAS*) §§ 15 und 16.

[54] Kündigungsschutzgesetz (*lag (1982:80) om anställningsskydd – LAS*) §§ 30a Absatz 1.

Nach Erhalt der Benachrichtigung haben Arbeitnehmer und Gewerkschaft das Recht auf eine Anhörung (*överläggning*) durch den Arbeitgeber über den Inhalt der Benachrichtigung.[55]

Verstößt der Arbeitgeber gegen die oben genannten Regelungen und stellt entweder einen Arbeitnehmer befristet ein, obwohl dies nicht zulässig ist,[56] oder lässt ihm keine oder eine verspätete Benachrichtigung über die Beendigung der befristeten Anstellung zukommen, kann er dem Arbeitnehmer oder dessen Gewerkschaft gegenüber schadensersatzpflichtig werden.

Eine befristete Anstellung, die nicht zulässig ist, wird nicht automatisch in eine unbefristete Anstellung umgewandelt. Vielmehr muss der Arbeitnehmer dies vor Gericht beantragen und das Gericht muss die unbefristete Anstellung durch Urteil ausdrücklich feststellen. Ein Zwischenurteil mit dem Inhalt, dass die Anstellung auch nach Abschluss der Befristung fortbesteht, ist möglich.

8.7 Renteneintritt

In Schweden hat ein Arbeitnehmer das Recht, bis zum Alter von 67 Jahren zu arbeiten.[57] Sind sich Arbeitgeber und Arbeitnehmer einig, kann die Anstellung auch noch danach fortgesetzt werden. Der Arbeitnehmer kann dann allerdings bei Vorliegen eines sachlichen Grundes mit einmonatiger Kündigungsfrist gekündigt werden und hat kein Recht auf bevorzugte Wiedereistellung.[58]

Es steht jedem Arbeitnehmer frei, selbst zu entscheiden, wann er in Pension gehen möchte. Das früheste Pensionsalter liegt bei 61 Jahren. Je länger gearbeitet wird, desto höher ist natürlich die Altersrente. Die gesetzliche Altersrente wird in Schweden meist durch eine betriebliche Altersvorsorge ergänzt, die bei Tarifgebundenheit des Arbeitgebers verpflichtend und auch ansonsten üblich ist. Im Durchschnitt gehen in Schweden Arbeitnehmer mit 64,5 Jahren[59] in Rente.

Möchte der Arbeitgeber, dass der Arbeitnehmer seine Anstellung zum Ende des Monats, in dem er 67 Jahre alt wird, beendet, muss der Arbeitgeber ihm dies mindestens einen Monat vorher schriftlich mitteilen.[60] Auch eine mündliche Mitteilung ist gültig, kann jedoch wegen Verstoßes gegen die Formvorschriften zu einem Schadensersatzan-

[55] Kündigungsschutzgesetz (*lag (1982:80) om anställningsskydd – LAS*) §§ 30a Absatz 2.

[56] Nach § 28 Kündigungsschutzgesetz (*lag (1982:80) om anställningsskydd – LAS*) muss ein tarifgebundener Arbeitgeber, die lokale Gewerkschaftsorganisation über die Einstellung eines Arbeitnehmers mit einer Befristung informieren.

[57] Kündigungsschutzgesetz (*lag (1982:80) om anställningsskydd – LAS*) § 32a.

[58] Kündigungsschutzgesetz (*lag (1982:80) om anställningsskydd – LAS*) § 33 Absatz 3.

[59] Zahlen für 2014 unter: http://www.pensionsmyndigheten.se/download/18.70e56c27145a7fdc9582537d/1399287452818/Medelpensionerings%C3%A5lder+och+uttr%C3%A4des%C3%A5lder+2014.pdf.

[60] Kündigungsschutzgesetz (*lag (1982:80) om anställningsskydd – LAS*) § 33 Absatz 1.

spruch des Arbeitnehmers führen. Versäumt der Arbeitgeber, den Arbeitnehmer über die Beendigung des Arbeitsverhältnisses zu informieren, so wird das Arbeitsverhältnis fortgesetzt und kann bei Vorliegen eines sachlichen Grundes erst durch ordentliche Kündigung beendet werden. Erfolgt die Mitteilung über die Beendigung rechtzeitig, kann das Arbeitsverhältnis, wenn die Parteien dies wünschen, im Rahmen einer befristeten Anstellung[61] weitergeführt werden.

Ein Arbeitgeber kann das Arbeitsverhältnis mit einem Arbeitnehmer, der vom Schwedischen Sozialversicherungsamt (*Försäkringskassan*) einen vollumfänglichen und zeitlich unbegrenzten Krankenzuschuss (*sjukersättning*) erhält, durch schriftliche Mitteilung an den Arbeitnehmer beenden, sobald er von dem rechtskräftigen Beschluss des Sozialversicherungsamts erfahren hat.[62] Erfolgt die Mitteilung über die Beendigung nur mündlich oder gar nicht, gilt das oben zur Pensionierung Gesagte.

Der Arbeitnehmer hat dann Anspruch auf einen Krankenzuschuss, wenn er zwischen 30 und 64 Jahre alt ist und seine Erwerbsfähigkeit krankheitsbedingt um mindestens 25 Prozent herabgesetzt ist. Der Anspruch besteht nur bei einer dauerhaften Herabsetzung der Erwerbsfähigkeit. Die Herabsetzung der Erwerbsfähigkeit muss allerdings sämtliche Erwerbstätigkeiten auf dem gesamten Arbeitsmarkt umfassen.

Der volle einkommensbezogene Krankenzuschuss liegt bei 64 Prozent des geschätzten Einkommens, das der Arbeitnehmer nach Einschätzung des Schwedischen Sozialversicherungsamtes (*Försäkringskassan*) vermutlich beziehen würde, wenn er weiterhin erwerbstätig wäre.

Das Recht, bis zum Alter von 67 Jahren zu arbeiten, ist eine zwingende Regelung im Kündigungsschutzgesetz. Von ihr kann weder durch Individualvertrag noch durch Tarifvertrag zum Nachteil des Arbeitnehmers abgewichen werden. Klauseln im Arbeitsvertrag, die eine frühere Pensionierung beinhalten, sind daher ungültig.[63]

8.8 Beendigung durch den Tod des Arbeitnehmers

Im Fall des Todes eines Arbeitnehmers wird auch das Arbeitsverhältnis unmittelbar beendet. Gehaltsansprüche, Auslagen, Reisekosten, Urlaubsansprüche etc. werden bis zum Todestag berechnet und an den Nachlass gezahlt.

In der Regel bestehen im Rahmen der betrieblichen Altersvorsorge auch eine Gruppenlebensversicherung und eine Hinterbliebenenversicherung. An diese sollte eine Meldung über den Todesfall erfolgen. Bestehen weitere Versicherungen zugunsten des verstorbenen Arbeitnehmers, sollten auch die Erben über diese Versicherungen informiert werden.

---

[61] Kündigungsschutzgesetz (*lag (1982:80) om anställningsskydd – LAS*) § 5 Absatz 1 Nr. 4.

[62] Kündigungsschutzgesetz (*lag (1982:80) om anställningsskydd – LAS*) § 33 Absatz 2.

[63] Dies gilt nicht für Klauseln in Anstellungsverträgen, die vor dem 1. September 2001 abgeschlossen wurden.

In Schweden sind individualvertragliche Regelungen über eine befristete Weiterzahlung des Gehalts an die Familie des Verstorbenen zwar zulässig, in der Praxis aber nicht üblich.

8.9 Auflösung des Arbeitsverhältnisses im gegenseitigen Einvernehmen

Arbeitgeber und Arbeitnehmer können das Arbeitsverhältnis jederzeit mittels Aufhebungsvertrag einvernehmlich beenden. Gesetzliche Regelungen gibt es hierfür nicht.

Der Aufhebungsvertrag sollte auch Verhaltensregelungen für die Zeit bis zur Beendigung des Arbeitsverhältnisses enthalten. Dies können Regelungen zu der Frage sein, ob in dieser Zeit eine Arbeitspflicht besteht, ob anderweitige Verdienste während einer Befreiung von der Arbeitspflicht auf das noch zu zahlende Einkommen angerechnet werden und ob eine Abfindung gezahlt wird. In der Praxis empfiehlt sich zudem eine explizite Klarstellung mit dem Inhalt, dass nach Beendigung des Arbeitsverhältnisses zwischen Arbeitgeber und Arbeitnehmer keine gegenseitigen Ansprüche mehr aus dem Arbeitsverhältnis bestehen. Dabei sollte allerdings konkret aufgezählt werden, um welche Ansprüche es sich hier handeln kann.

Ein Aufhebungsvertrag muss von beiden Seiten auf freiwilliger Basis abgeschlossen werden. Setzt der Arbeitgeber den Arbeitnehmer unter Druck, um den Abschluss eines Aufhebungsvertrages zu erzwingen, kann dies zulasten des Arbeitgebers ausgelegt werden. Der Arbeitgeber überschreitet in dem Moment die Grenze zur freiwilligen Vereinbarung, wenn für ihn erkennbar ist, dass sein Handeln beim Arbeitnehmer den Eindruck erwecken könnte, der Arbeitgeber möchte ihn loswerden.[64]

Ferner muss der Arbeitgeber dem Arbeitnehmer ausreichend Zeit zur Entscheidungsfindung, ob er den Aufhebungsvertrag unterzeichnen will, einräumen.[65]

Bei einem Aufhebungsvertrag ist – im Gegensatz zur Kündigung – die Beteiligung der Gewerkschaft des Arbeitnehmers nicht erforderlich.[66] In der Praxis wird der Arbeitnehmer aber seine Gewerkschaft hinsichtlich des Aufhebungsvertrags und seiner Bedingungen um Rat bitten. Der Vorteil hierbei ist, dass Probleme frühzeitig erkannt und geklärt werden können und ein Gerichtsverfahren über die Rechtswirksamkeit eines Aufhebungsvertrags so von vorneherein vermieden wird.

[64] Hierzu AD 2011 Nr. 92; hier hat der Arbeitgeber die Situation einer betriebsbedingten Kündigung vorgetäuscht und den Arbeitnehmer dadurch dazu bewegt, einen Aufhebungsvertrag einzugehen. Siehe auch AD 1984 Nr. 102.

[65] Siehe D'Oliwa/Flemström. *Rätt Arbetsrätt 2015*, S. 670.

[66] Zur gewerkschaftlichen Beteiligung bei der Kündigung durch den Arbeitgeber siehe unten Punkt 8.

8.10 Ansprüche wegen unwirksamer Auflösung des Arbeitsverhältnisses

Bei einer Kündigung durch den Arbeitgeber endet das Arbeitsverhältnis mit dem Ende der Kündigungsfrist. Erhebt der Arbeitnehmer rechtzeitig Kündigungsschutzklage vor Gericht, endet das Arbeitsverhältnis erst mit dem endgültigen Urteilsspruch. In der Zeit nach Ablauf der Kündigungsfrist und vor Urteilsverkündung hat der Arbeitnehmer die Pflicht und das Recht zu arbeiten. Hierfür erhält er Lohn und andere geldwerte Vorteile. Wird die Wirksamkeit der Kündigung vor Gericht bestätigt, muss der Arbeitnehmer den Lohn, den er während dieser Zeit erhalten hat, allerdings nicht zurückzahlen. In der Praxis beschäftigt ein Arbeitgeber in Schweden den Arbeitnehmer häufig bis zum Ausspruch des Gerichtsurteils unter Fortzahlung seines Gehalts weiter.

Der Arbeitgeber kann im Wege des einstweiligen Rechtsschutzes beantragen, dass das Gericht die Wirksamkeit der Kündigung feststellt. Entspricht das Gericht diesem Antrag, muss der Arbeitgeber keinen Lohn zahlen. Kommt das Gericht in seinem endgültigen Urteil aber zu dem Schluss, dass die Kündigung unwirksam war, so hat der Arbeitnehmer einen Anspruch auf Lohnersatz für die Zeit, in der er keinen Lohn erhalten hat.

Bei einer außerordentlichen Kündigung (*avsked*) hingegen endet das Arbeitsverhältnis unmittelbar mit dem Ausspruch der fristlosen Kündigung. Dies gilt auch dann, wenn der Arbeitnehmer später eine Kündigungsschutzklage erhebt. Der Arbeitnehmer kann nur im Wege des vorläufigen Rechtsschutzes beantragen, dass das Gericht den vorübergehenden Fortbestand der Anstellung beschließt. Diesem Antrag wird nur stattgegeben, wenn die Gründe zur fristlosen Kündigung nicht einmal für eine ordentliche Kündigung ausgereicht hätten.

Ein Arbeitnehmer kann das Arbeitsverhältnis jederzeit formlos mit der gesetzlichen Kündigungsfrist von einem Monat oder einer eventuell anderslautenden tarifvertraglichen oder individualvertraglichen Kündigungsfrist beenden. Einen besonderen Kündigungsgrund bedarf es hierfür nicht. Eine unwirksame Auflösung des Arbeitsverhältnisses bei einer Kündigung durch den Arbeitnehmer wird in Schweden in der Praxis nicht vorkommen. Hält der Arbeitnehmer sich allerdings nicht an die Kündigungsfrist und steht dem Arbeitgeber vorzeitig nicht mehr zur Verfügung, hat dieser einen Schadensersatzanspruch gegen den Arbeitnehmer.[67]

Das schwedische Kündigungsschutzgesetz enthält keine Regelungen über die Voraussetzungen und die Gestaltung von Aufhebungsverträgen. Diese werden vielmehr durch allgemeine vertragsrechtliche Regelungen, vor allem durch das Gesetz über Verträge (*avtalslagen*), bestimmt. Danach kann ein Aufhebungsvertrag ungültig sein, wenn er aufgrund von Täuschung, Ausnutzung der Bedrängnis, einer Notsituation oder eines Abhängigkeitsverhältnisses des anderen oder unter solchen Umständen entstanden ist, dass ein weiteres Beharren auf der Einhaltung des Vertrags gegen die guten Sitten verstoßen würde.[68] Das

[67] Kündigungsschutzgesetz (*lag (1982:80) om anställningsskydd – LAS*) § 38 Absatz 1 Satz 2.
[68] Siehe zum Beispiel AD 1992 Nr. 56.

Gesetz enthält allerdings eine Regel, dass Klauseln die gegen die eben genannten Grundsätze verstoßen, abgemildert (*jämkas*) oder ganz außer Acht gelassen werden können.

Ein Arbeitnehmer, der gerichtlich gegen eine unwirksame Auflösung des Arbeitsverhältnisses vorgehen will, muss den Arbeitgeber innerhalb von zwei Wochen nach Zugang der Kündigung hierüber unterrichten. War die Kündigung nicht mit einer Rechtsbehelfsbelehrung versehen, verlängert sich die zweiwöchige Frist auf einen Monat.

Beruft die Gewerkschaft wegen der Kündigung innerhalb der oben genannten Frist Mitbestimmungsverhandlungen mit dem Arbeitgeber ein, muss die Klage spätestens zwei Wochen nach Beendigung der Mitbestimmungsverhandlungen eingereicht werden. Sofern keine Verhandlungen stattfinden, muss die Klage spätestens zwei Wochen nach Ablauf der Unterrichtungsfrist von zwei Wochen, d. h. also spätestens vier Wochen nach Zugang der Kündigung erhoben werden.[69]

Erfolgt die Klagerhebung verspätet, wird die Klage abgewiesen.[70] Die Gegenseite muss diese Einrede jedoch spätestens in der ersten Stellungnahme vor Gericht geltend machen. Andernfalls wird die Klage zugelassen.

8.11 Arbeitszeugnis, Beschäftigungsbestätigung

Ein Arbeitnehmer hat in Schweden nach der Beendigung einer Anstellung das Recht auf eine Erstellung einer Beschäftigungsbestätigung oder eines einfachen Arbeitszeugnisses durch den Arbeitgeber. Diese Bestätigung muss die näheren Personenangaben des Mitarbeiters enthalten, wie lange und in welchem Umfang er angestellt war und welche Arbeitsaufgaben er innehatte. Sie beinhaltet keine Bewertung der Tätigkeit des Arbeitnehmers. In der Praxis werden hierfür Formulare des Arbeitsamts oder der Gewerkschaften oder Arbeitgeberverbände verwendet.[71]

Falls der Arbeitnehmer dies wünscht, ist der Arbeitgeber auch verpflichtet, ein qualifiziertes Arbeitszeugnis auszustellen, in dem eine Bewertung der Tätigkeit des Arbeitnehmers durch den Arbeitgeber vorgenommen wird. Der Arbeitnehmer kann vom Arbeitgeber verlangen, dass er negative Äußerungen über den Arbeitnehmer oder den Grund der Beendigung des Arbeitsverhältnisses aus dem Zeugnis entfernt.

In der Praxis werden in Schweden bei der Arbeitssuche häufig Referenzen genutzt. Ein Arbeitnehmer, der bei einem Bewerbungsverfahren in die engere Auswahl kommt, wird in der Regel mehrere Referenzen angeben, die der Arbeitgeber anrufen kann, um sich so ein Bild von den Qualifikationen und sozialen Kompetenzen des Bewerbers machen zu können.

[69] Kündigungsschutzgesetz (*lag (1982:80) om anställningsskydd – LAS*) § 40.
[70] Kündigungsschutzgesetz (*lag (1982:80) om anställningsskydd – LAS*) § 42.
[71] Siehe zum Beispiel unter: http://www.arbetsformedlingen.se/For-arbetsgivare/Stod-och-service/Blanketter-och-broschyrer.html.

8.12 Abfindung und Abfindungsversicherung

Abfindungen sind in Schweden gesetzlich nicht vorgeschrieben. Insofern bleibt es jedem Arbeitgeber überlassen, im Falle der Kündigung eines Arbeitnehmers eine Abfindung zu zahlen. Dies wird bei den Verhandlungen mit den Gewerkschaften von diesen gern gesehen, ist aber kein Muss. Bei der Beendigung eines Arbeitsverhältnisses durch einen Aufhebungsvertrag ist die Zahlung einer Abfindung üblich. Diese wird dann meistens an die Bedingung geknüpft, dass der Arbeitnehmer auf ein eventuelles Recht auf bevorzugte Wiedereinstellung verzichtet und auch im Übrigen alle gegenseitigen Ansprüche abgegolten sind.

Eine Abfindung kann insbesondere dann relevant werden, wenn der Arbeitgeber bei Massenentlassungen von der gesetzlich vorgesehenen Kündigungsreihenfolge, dem Senioritätsprinzip (*sist in – först ut*), abweichen und Arbeitnehmer mit kürzeren Anstellungszeiten auf einem bevorzugten Rang auf der sog. „Bleibeliste" (*turordningslista*) sehen will. Die lokale Gewerkschaftsvereinigung (*klubb*) wird sich bei den Mitbestimmungsverhandlungen oftmals auf eine solche Abweichung von der gesetzlich vorgesehenen Kündigungsreihenfolge nur dann einlassen, wenn die Mitarbeiter, die ihren Platz auf der Bleibeliste verlieren, finanziell entsprechend kompensiert werden. Die schwedischen Arbeitgeberverbände sind der Ansicht, dass dieses Vorgehen für Unternehmen, die zum Ausspruch betriebsbedingter Entlassungen gezwungen sind und sich ohnehin schon in einer wirtschaftlich schwierigen Situation befinden, eine zusätzliche finanzielle Belastung darstellt, und verlangen deshalb eine Aufweichung des Kündigungsschutzgesetzes und der gesetzlichen Kündigungsreihenfolge nach dem Senioritätsprinzip.

In Schweden gibt es bei betriebsbedingten Kündigungen weder einen Interessenausgleich noch einen Sozialplan. Im Rahmen der Tarifverträge gibt es jedoch zwischen Arbeitgeber- und Arbeitnehmerseite tarifvertragliche Vereinbarungen über sog. Umstellungshilfen (*omställningsavtal*) im Rahmen betriebsbedingter Kündigungen. Diese sind als Versicherungen ausgeformt und unterstützen den durch eine betriebsbedingte Kündigung arbeitslos gewordenen Arbeitnehmer unter den unten genannten Voraussetzungen. Finanziert werden diese Versicherungen durch Beiträge der Arbeitgeber. In die Versicherungen zahlen diese aufgrund der tarifvertraglichen Anbindung ein. Die Versicherung ist als Ergänzung zum Arbeitslosengeld gedacht und umfasst folgende Leistungen:

Angestellten, die älter als 40 Jahre alt sind, mindestens fünf Jahre zusammenhängend beim Arbeitgeber angestellt waren und von diesem betriebsbedingt entlassen werden, wird abhängig von Alter und Beschäftigungszeit im Rahmen dieser Versicherung eine monatliche Abfindung (*avgångsersättning*) in Höhe von ca. 70 Prozent des früheren Gehalts ausgezahlt. Darüber hinaus kann der gekündigte Angestellte, auch wenn er weder 40 Jahre alt ist noch fünf Jahre beim Arbeitgeber angestellt war, unter bestimmten Voraussetzungen eine Übergangshilfe in Form von Coaching, Weiterbildung o. ä. in Anspruch nehmen.

Für Arbeiter gibt es eine vergleichbare Versicherung. Bei dieser wird die Abfindung (*avgångsbidrag*) jedoch als einmalige Summe ausgezahlt und beträgt für betriebsbedingte Kündigungen im Jahr 2015 zwischen 3400 und 5000 EUR – je nachdem, wie alt der

Betroffene ist und wie lange er beschäftigt war. Darüber hinaus hat der Arbeitnehmer in der Regel auch das Recht auf eine Übergangshilfe, die ihm durch Coaching und andere Maßnahmen zu einer neuen Arbeit verhelfen soll.

Abfindungen werden steuerrechtlich als Gehalt angesehen und unterliegen demzufolge der Einkommenssteuer. Zudem muss der Arbeitgeber auf diesen Betrag Sozialabgaben in voller Höhe von 31,42 Prozent als Regelsatz (Stand 2015) entrichten.

Literatur

Zitierte Literatur

D'Oliwa, Louise Ideström; Flemström, Stefan, *Rätt Arbetsrätt 2015*, Stockholm 2015

Öman, Sören, *Anställningsskyddspraxis,* 7. Auflage, Stockholm 2014

Empfohlene Literatur

D'Oliwa, Louise, *Anställning, uppsägning, avsked,* Stockholm 2012

Källström, Kent; Malmström, Jonas, *Anställningsförhållandet*, 3. Auflage, Uppsala 2013

Fahlbeck, Reinhold, Mulder, Bernhard Johann, *Labour and Employment Law in Sweden*, Lund 2009

Iseskog, Tommy, *Personaljuridik,* 27. Auflage, Stockholm 2014

Haftungsfragen im Arbeitsrecht 9

9.1 Arbeitnehmerhaftung

Hinsichtlich der Haftungsfragen im Arbeitsverhältnis gilt das Grundprinzip, dass ein Arbeitnehmer, der in Ausübung seiner vertraglichen Pflichten einen Schaden verursacht, möglichst nicht schadensersatzpflichtig werden soll.[1]

Der Arbeitgeber hingegen haftet

- für alle Sach- und Personenschäden, die ein Arbeitnehmer bei Ausübung seiner Pflichten aus dem Arbeitsverhältnis vorsätzlich oder fahrlässig verursacht,
- für reine Vermögensschäden, die durch eine strafbare Handlung eines Arbeitnehmers im Rahmen seiner Tätigkeit verursacht worden sind sowie
- für die Schäden aus der vorsätzlichen oder fahrlässigen Kränkung von Dritten durch einen Angestellten (Prinzipalhaftungsprinzip).

Der Arbeitnehmer selbst haftet für solche Schäden nur dann, wenn besondere Umstände vorliegen.[2] Besondere Umstände können in der Art der schädigenden Handlung, der Stellung des Arbeitnehmers im Unternehmen, im Interesse des Geschädigten oder in weiteren Gegebenheiten (zum Beispiel besonderen Arbeitsanweisungen) liegen. Dieser Grundsatz wird von der Rechtsprechung sehr eng zugunsten des Arbeitnehmers ausgelegt, so dass eine Haftung des Arbeitnehmers nur bei Vorsatz oder grober Fahrlässigkeit in Betracht kommt. Des Weiteren hat zum Beispiel ein Angestellter in leitender Funktion eher einen Schaden zu verantworten als ein Sachbearbeiter ohne besondere Befugnisse.

Diese Haftungsgrundsätze gelten gleichermaßen für die Schädigung des Arbeitgebers wie für die Schädigung Dritter durch den Arbeitnehmer. Ausgenommen hiervon sind lediglich solche Schäden, die der Arbeitnehmer nicht in Ausübung seiner Pflichten aus dem

[1] Die zentrale Vorschrift hierzu findet sich in Kap. 3 § 1 Nr. 1 Schadensersatzgesetz (*skadeståndslag* (*1972:207*)).

[2] Schadensersatzgesetz (*skadeståndslag* (*1982:207*)) Kap. 4 § 1.

Deutsch-Schwedische Handelskammer (Hrsg.), *Arbeitsrecht in Schweden*,
DOI 10.1007/978-3-658-10205-0_9

Arbeitsverhältnis verursacht. Für diese haftet der Arbeitnehmer selbst nach den allgemeinen Schadensersatzvorschriften.

Der Umfang der Schadensersatzpflicht des Arbeitnehmers und deren Voraussetzungen können durch arbeits- oder tarifvertragliche Vereinbarung genauer bestimmt werden. Auch eine Erweiterung der Arbeitnehmerhaftung ist grundsätzlich möglich. In der Praxis ist diese allerdings eher unüblich. Zu beachten ist außerdem, dass vertragliche Vereinbarungen zur Haftung des Arbeitnehmers dem jeweils anwendbaren Tarifvertrag nicht widersprechen dürfen und vom Arbeitsgericht auf ihre Angemessenheit hin überprüft werden können.

Neben den allgemeinen Regelungen gibt es einige besondere Haftungsregelungen, nach denen sich der Arbeitnehmer gegenüber dem Arbeitgeber schadensersatzpflichtig machen kann, so zum Beispiel bei einem Verstoß gegen die Friedenspflicht[3], bei Beendigung des Arbeitsverhältnisses ohne Einhaltung der Kündigungsfrist[4] oder bei einem Verstoß gegen die Geheimhaltungspflicht[5]. In vielen Tarifverträgen gibt es pauschalierte Vertragsstrafen für derartige Vertragsbrüche, so dass der Arbeitgeber in diesen Fällen keinen konkreten Schaden nachweisen muss.

Für Geschäftsführer und ordentliche Verwaltungsratsmitglieder (*styrelseledamöter*) von Aktiengesellschaften (*aktiebolag – AB*) gelten außerdem die besonderen Haftungsregelungen des Aktiengesetzes.[6] Danach haften die Veraltungsratsmitglieder für alle Schäden, die sie der Gesellschaft oder Dritten (zum Beispiel Aktionären) bei Wahrnehmung ihrer Aufgaben vorsätzlich oder fahrlässig zufügen. Nach der Rechtsprechung ist die interne Verantwortlichkeit des Organs gegenüber der Gesellschaft jedoch wesentlich höher als die gegenüber Dritten. So hat der Geschäftsführer (*verkställande direktör*) oder Verwaltungsrat den Schaden zu vertreten, der aus der Überschreitung seiner durch das Aktiengesetz, der Satzung, den Arbeitsanweisungen oder den im Arbeitsvertrag festgelegten Kompetenzen im Innenverhältnis zur Gesellschaft resultiert. Dies ist zum Beispiel der Fall, wenn der Geschäftsführer Maßnahmen ausführt, die außerhalb der laufenden Verwaltung der Geschäfte liegen, ohne dass ihm hierfür eine besondere Befugnis erteilt wurde.[7] Außerdem haftet der Geschäftsführer für die ordnungsgemäße Erfüllung der Steuerpflicht der Gesellschaft.[8]

Darüber hinaus kann der Verstoß des Arbeitnehmers gegen vertragliche Nebenpflichten, wie zum Beispiel die Loyalitäts-, Sorgfalts-, Überwachungs- und Verschwiegenheitspflicht, zu einer Schadensersatzpflicht des Geschäftsführers führen.

---

[3] Betriebliches Mitbestimmungsgesetz (*lag (1976:580) om medbestämmande i arbetslivet – MBL*) §§ 54 ff.

[4] Kündigungsschutzgesetz (*lag (1982:80) om anställningsskydd – LAS*) § 38 Absatz 2.

[5] Gesetz über den Schutz von Betriebsgeheimnissen (*lag (1990:409) om skydd för företagshemligheter*) §§ 5–10.

[6] Aktiengesetz (*aktiebolagslagen* (*2005:551*)) Kap. 29.

[7] Aktiengesetz (*aktiebolagslagen* (*2005:551*)) Kap. 8 § 25.

[8] Besteuerungsgesetz (*skatteförfarandelag* (*2011:1244*)) Kap. 59 §§ 12–14.

Besteht ein Schadensersatzanspruch des Arbeitgebers gegenüber dem Arbeitnehmer, ist grundsätzlich zu beachten, dass dieser nicht einfach vom nächsten Gehalt abgezogen werden kann. Nur ausnahmsweise darf eine solche Aufrechnung nach den gesetzlichen Vorschriften[9] unter folgenden zwei Voraussetzungen erfolgen:

Zunächst ist die Zustimmung des Arbeitnehmers selbst erforderlich. Diese kann man beispielsweise bereits im Arbeitsvertrag vereinbaren. Allerdings ist eine solche vertragliche Zustimmung zur Aufrechnung in ihrem Bestand relativ unsicher, da der Arbeitnehmer sie jederzeit mündlich widerrufen kann. Das Recht zur Aufrechnung kann sich außerdem aus dem Tarifvertrag ergeben.

Neben der Zustimmung des Arbeitnehmers oder einer tarifvertraglichen Befugnis zur Aufrechnung muss der Arbeitgeber von der schwedischen Vollstreckungsbehörde (*Kronofogdemyndigheten*)[10] im Voraus einen Bescheid darüber einholen, bis zu welcher Höhe das Monatsgehalt des betroffenen Mitarbeiters um den aufzurechnenden Betrag gekürzt werden darf.

Sollte der Arbeitgeber Gehaltsabzüge entgegen dieser zwingenden Vorschriften vornehmen, macht er sich schadensersatzpflichtig.

9.2 Arbeitgeberhaftung

Der Arbeitgeber haftet gegenüber einem Arbeitnehmer für eigenes Verschulden und das Verschulden seiner Angestellten im Rahmen der oben genannten Prinzipalhaftung.[11] Danach haftet er für alle Schäden, die dem Arbeitnehmer bei Ausübung seiner Arbeitstätigkeit durch Vorsatz oder Fahrlässigkeit des Arbeitgebers selbst oder dessen Angestellten entstehen. Ein reiner Unglücksfall dagegen, der einen solchen Schaden verursacht und niemandem schuldhaft zurechenbar ist, führt nicht zu einer Haftung des Arbeitgebers.

Eine konkrete Haftungspflicht des Arbeitgebers wird in den meisten Fällen durch das Arbeitsumweltgesetz[12] und die dazu gehörenden Verwaltungsvorschriften ausgelöst. Diese Vorschriften schreiben dem Arbeitgeber die Ausgestaltung der Arbeitsplätze in seinem Betrieb verbindlich vor, zum Beispiel, in welcher Weise Maschinen ausgestattet sein oder in welcher Weise bestimmte gefährliche Tätigkeiten ausgeführt werden müssen. Der Arbeitgeber muss daher jeden Schaden ersetzen, der einem Arbeitnehmer entsteht, weil arbeitsschutzrechtliche Vorschriften nicht beachtet wurden. Ist der Verstoß des Arbeitgebers dabei besonders schwer, kommt sogar eine strafrechtliche Haftung in Betracht.

Einige Arbeitsbereiche werden von der Gesetzgebung bzw. der Rechtsprechung als so gefährlich eingestuft, dass der Arbeitgeber hier verschuldensunabhängig für alle Schäden des Arbeitnehmers haftet, die während der Ausführung einer solchen Tätigkeit entste-

[9] Gesetz zum Aufrechnungsrecht des Arbeitgebers (*lag (1970:21) om arbetsgivarens kvittningsrätt*).

[10] Informationen zur schwedischen Vollstreckungsbehörde finden sich auch in englischer Sprache unter: http://www.kronofogden.se/InEnglish.html.

[11] Schadensersatzgesetz Kap. 3 § 1 Nr. 1 (*skadeståndslag* (*1972:207*)).

[12] Arbeitsumweltgesetz (*arbetsmiljölag (1977:1160) – AML*).

hen, also auch dann, wenn es sich um reine Unglücksfälle handelt. Hierzu zählen zum Beispiel Unfälle, die bei Arbeiten an elektrischen Hochspannungsanlagen[13] oder an Schienenverkehrswegen[14] oder bei der Nutzung haftpflichtversicherungspflichtiger Fahrzeuge[15] entstehen.

Auch bei anerkannten Arbeitsunfällen wird nur ein Teil des dem Arbeitnehmer entstandenen Schadens von der Sozialversicherung erstattet. Das Krankengeld beträgt beispielsweise nur 80 Prozent des zuletzt bezogenen Einkommens des Arbeitnehmers. Den darüber hinaus gehenden Schaden (also insbesondere die Differenz zu dem bisherigen Monatseinkommen) muss der Arbeitgeber bezahlen. Solche Schäden kann der Arbeitgeber durch eine private Zusatzversicherung abdecken, deren Abschluss in allen schwedischen Tarifverträgen verpflichtend ist.

Sachschäden sind vom Arbeitgeber in unbegrenzter Höhe zu erstatten.

Der vom Arbeitgeber an den Arbeitnehmer ausgezahlte Schadensersatz ist als Arbeitseinkommen zu versteuern.

Literatur

D'Oliwa, Louise Ideström; Flemström, Stefan, *Rätt Arbetsrätt 2015*, Stockholm 2015

Källström, Kent; Malmström, Jonas, *Anställningsförhållandet*, 3. Auflage, Uppsala 2013

Öman, Sören, *Anställningsskyddspraxis,* 7. Auflage, Stockholm 2014

[13] Stromgesetz (*ellagen* (*1997:857*)).

[14] Eisenbahnverkehrsgesetz (*järnvägstrafiklagen* (*1985:192*)).

[15] Unfallschadengesetz (*trafikskadelagen* (*1975:1410*)).

10 Gerichtsverfahren

10.1 Zuständigkeit der Gerichte

Zunächst ist hervorzuheben, dass in Schweden nur wenige arbeitsrechtliche Streitigkeiten gerichtlich entschieden werden. Dank des obligatorischen und institutionalisierten Verhandlungssystems in den tarifvertraglichen Verhandlungsordnungen (*förhandlingsordningar*) zwischen Arbeitgebern, Arbeitgeberorganisationen sowie Gewerkschaften einigen sich die Parteien häufig im Vorfeld und der Gerichtsweg wird gar nicht erst beschritten. In den Verhandlungsordnungen und im Gesetz[1] ist bei arbeitsrechtlichen Streitigkeiten zunächst eine Verhandlung lokal zwischen dem Arbeitgeber und der Gewerkschaft vorgesehen. Wird hier keine Einigung erreicht, kann die Verhandlung auf die nächste, die zentrale Ebene verlagert werden. Hier verhandeln der Arbeitgeberverband und die zentrale Gewerkschaftsorganisation. Erst wenn auch diese Verhandlung nicht zu einer Einigung führt, steht bei einer tarifvertraglichen Bindung an die Verhandlungsordnung der Weg zum Arbeitsgericht offen.

In erster und letzter Instanz ist das Arbeitsgericht (*Arbetsdomstolen*) zuständig, wenn (1) die Klage von einem Arbeitgeberverband oder einer Gewerkschaft – nicht dem Arbeitnehmer selbst – oder einem Arbeitgeber, der selbst einen Tarifvertrag abgeschlossen hat, erhoben wird und (2) ein Tarifvertrag zwischen den Parteien besteht oder der Mitarbeiter, um den es im Verfahren geht, in einer durch Tarifvertrag geregelten Arbeit tätig ist (sog. *A-mål*).[2] Alle anderen Klagen müssen in erster Instanz vor einem Amtsgericht (*tingsrätt*) erhoben werden (sog. *B-mål*).[3] Dies sind zum Beispiel Klagen für die Fälle, in denen es keine Tarifvertragsbindung des Arbeitgebers gibt oder der tarifgebundene Arbeitnehmer keine Unterstützung durch seine Gewerkschaft erhält oder kein Gewerkschaftsmitglied

[1] Betriebliches Mitbestimmungsgesetz (*lag (1976:580) om medbestämmande i arbetslivet – MBL*) § 14.

[2] Arbeitsgerichtsgesetz (*lag (1974:371) om rättegång i arbetslivet*) Kap. 2 § 1.

[3] Arbeitsgerichtsgesetz (*lag (1974:371) om rättegång i arbetslivet*) Kap. 2 § 2.

Deutsch-Schwedische Handelskammer (Hrsg.), *Arbeitsrecht in Schweden*,
DOI 10.1007/978-3-658-10205-0_10

ist. Das Urteil eines Amtsgerichts gelangt in der Berufung zum Arbeitsgericht. Seit 2008 wird allerdings für diese Verfahren ein Zulassungsverfahren (*prövningstillstånd*) vor dem Arbeitsgericht verlangt. Weitere Instanzen über dem Arbeitsgericht gibt es in Schweden nicht.

Das einzige Arbeitsgericht Schwedens befindet sich in Stockholm und bearbeitet jedes Jahr etwa 400 arbeitsrechtliche Streitigkeiten in erster und zweiter Instanz.[4] Dies sind also nicht nur Kündigungsschutzklagen, sondern auch Klagen im Zusammenhang mit Tarifverträgen, Verstöße gegen Diskriminierungsverbote, Lohnstreitigkeiten oder Verstöße gegen das Betriebliche Mitbestimmungsgesetz.

Beim Arbeitsgericht wurden im Jahr 2014 in erster Instanz (*A-mål*) 251 Klagen erhoben. In zweiter Instanz (*B-mål*) wurde das Arbeitsgericht 2014 in 152 Fällen angerufen. Von diesen Klagen werden 91 Stück durch Urteil entschieden.[5]

Etwa 34 Prozent der Klagen (*A-mål*) im Jahr 2014 waren Kündigungsschutzklagen gegen ordentliche oder außerordentliche Kündigungen des Arbeitgebers. Vor den Amtsgerichten in ganz Schweden werden jährlich schätzungsweise 800 Kündigungsschutzklagen behandelt.[6]

10.2 Individualrechtliche Streitigkeiten

Während einer laufenden Kündigungsschutzklage besteht die Anstellung bis zum Ausspruch des Gerichtsurteils fort, soweit das Gericht die in Frage stehende Anstellung nicht durch ein Zwischenurteil beendet. Während der Kündigungsschutzklage darf der Arbeitnehmer nur bei Vorliegen besonderer Umstände gegen seinen Willen von der Arbeit freigestellt werden. Bei einer außerordentlichen Kündigung wird die Anstellung hingegen sofort mit Ausspruch der Kündigung beendet. Kommt das Gericht zu dem Urteil, dass die Kündigung unwirksam ist, besteht das Arbeitsverhältnis fort.[7] Weigert sich der Arbeitgeber, den Arbeitnehmer trotz des Gerichtsurteils weiter zu beschäftigen, wird das Arbeitsverhältnis beendet und der Arbeitnehmer hat gegen den Arbeitgeber einen Schadensersatzanspruch in Höhe von 16 Monatslöhnen, wenn seine Anstellungszeit unter fünf Jahren lag. War er zwischen fünf und zehn Jahren beim Arbeitgeber angestellt, sind dies 24 Monatslöhne und 32 Monatslöhne, wenn seine Anstellungszeit mehr als zehn Jahre betrug. Der Schadensersatz darf nie höher als die Gesamtzahl der Anstellungsmonate sein,

---

[4] Siehe dazu der Jahresbericht des Arbeitsgerichts für 2014 (*Arbetsdomstolen Årsredovisning 2014*) unter: http://www.arbetsdomstolen.se/upload/pdf/2015/ADarsred2014.pdf, S. 3.

[5] Siehe dazu der Jahresbericht des Arbeitsgerichts für 2014 (*Arbetsdomstolen Årsredovisning 2014*) unter: http://www.arbetsdomstolen.se/upload/pdf/2015/ADarsred2014.pdf, S. 5.

[6] Siehe Bericht: *Uppsägningstvister – En översyn av regelverket kring tvister i samband med uppsägning av arbetstagare (SOU 2012:62)* vom 28. September 2012 von Jonas Malmberg; http://www.regelradet.se/wp-content/files_mf/13575514942012_440_remiss.pdf, S. 69.

[7] Kündigungsschutzgesetz (*lag (1982:80) om anställningsskydd – LAS*) §§ 34–37.

muss jedoch immer mindestens sechs Monate betragen.[8] Auch wenn das Gericht feststellt, dass die Kündigung rechtmäßig war und wirksam ist, muss der Arbeitnehmer dem Arbeitgeber den zu viel gezahlten Lohn selbst dann nicht zurückzahlen, wenn er keine Arbeit geleistet hat, sofern er dem Arbeitgeber seine Arbeitskraft angeboten hat.

In der Praxis dauern Kündigungsschutzklagen vor den schwedischen Amtsgerichten (*tingsrätt*) in der ersten Instanz bis zum Urteil bis zu zwei Jahren.[9]

Sowohl Verfahren, die in erster als auch in zweiter Instanz vor dem Arbeitsgericht (*Arbetsdomstolen*) durchgeführt werden, dauern im Durchschnitt etwas über ein Jahr.[10]

Verfahren, die erstinstanzlich vor einem Amtsgericht und in der Berufungsinstanz vor dem Arbeitsgericht verhandelt werden, können sich für beide Instanzen auf insgesamt fast drei Jahre belaufen.[11]

Vor diesem Hintergrund geht ein Arbeitgeber, der eine Kündigung ausspricht, gegen die der Arbeitnehmer gerichtlich vorgeht, ein großes finanzielles Risiko ein. Wird die Kündigungsschutzklage vor dem Amtsgericht erhoben und verliert der Arbeitgeber, so muss er dem Arbeitnehmer während des Gerichtsverfahrens dessen Gehalt weiterzahlen. Dies ist insbesondere dann problematisch, wenn er ihn für die Zeit zwischen Ausspruch der Kündigung und Urteilsverkündung nicht weiterbeschäftigen wollte. Darüber hinaus muss er dem Arbeitnehmer schlimmstenfalls bei einer Anstellungszeit von mehr als zehn Jahren weitere 32 Monatslöhne als Schadensersatz zahlen. Zudem wird das Gericht dem Arbeitgeber in dem Fall in der Regel die Kosten für die anwaltliche Vertretung des Arbeitnehmers aufbürden.

In Schweden existiert keine anwaltliche Gebührenordnung, Rechtsanwälte rechnen ihre anwaltliche Tätigkeit vielmehr im Stundensatz ab. Stundensätze von 250–350 EUR sind an der Tagesordnung. Die anwaltlichen Kosten der Gegenseite können also durchaus bei 25.000–35.000 EUR liegen. Darüber hinaus muss der Arbeitgeber noch seine eigenen anwaltlichen Kosten tragen, die ähnlich hoch sein dürften, sofern er nicht von seinem Arbeitgeberverband vor Gericht vertreten wird.

Ein Arbeitgeber wird sich im oben beschriebenen Fall daher gut überlegen, ob er eine Kündigung ausspricht, wenn er nicht davon überzeugt ist, dass diese auch vor Gericht Bestand haben wird.

Auf der anderen Seite muss ein Arbeitnehmer, der eine Kündigungsschutzklage erhebt, seine und die gegnerischen anwaltlichen Kosten selbst tragen, sofern er das Gerichtsverfahren verliert. Gerichtskosten werden in Schweden im arbeitsrechtlichen Verfahren nicht

---

[8] Kündigungsschutzgesetz (*lag (1982:80) om anställningsskydd – LAS*) § 39.

[9] Bericht: *Uppsägningstvister – En översyn av regelverket kring tvister i samband med uppsägning av arbetstagare (SOU 2012:62)* vom 28. September 2012 von Jonas Malmberg; http://www.regelradet.se/wp-content/files_mf/13575514942012_440_remiss.pdf, S. 71.

[10] Siehe dazu der Jahresbericht des Arbeitsgerichts für 2014 (*Arbetsdomstolens Årsredovisning 2014*) unter: http://www.arbetsdomstolen.se/upload/pdf/2015/ADarsred2014.pdf, S. 7.

[11] Bericht: *Uppsägningstvister – En översyn av regelverket kring tvister i samband med uppsägning av arbetstagare (SOU 2012:62)* vom 28. September 2012 von Jonas Malmberg; http://www.regelradet.se/wp-content/files_mf/13575514942012_440_remiss.pdf, S. 70.

erhoben. Rechtsschutzversicherungen, die wie in Deutschland die anwaltlichen Kosten übernehmen, sind in Schweden nicht üblich. Der Arbeitnehmer geht demzufolge ein finanzielles Risiko ein, wenn er selbst und nicht seine Gewerkschaft im Klageweg gegen die ausgesprochene Kündigung vorgeht.

Die schwedische Regierung hat im Jahr 2012 eine Untersuchung (*utredning*) in Auftrag gegeben, die eine Lösung für das Problem der hohen Kosten der Arbeitgeber bei Kündigungsschutzklagen finden sollte. Der Verfasser der Studie schlägt vor, dass ein Arbeitnehmer bei einer Kündigungsschutzklage nur höchstens ein Jahr lang sein Gehalt erhalten soll. Ist das Verfahren nach Ablauf eines Jahres nicht beendet, muss sich der Arbeitnehmer dem Arbeitsmarkt zur Verfügung stellen.[12] Der Vorschlag ist allerdings in der Öffentlichkeit sowohl bei den Arbeitgeberverbänden als auch den Gewerkschaften auf Kritik gestoßen und wird nicht in absehbarer Zeit zu einer Gesetzesänderung führen.

In der rechtswidrigen Kündigung durch den Arbeitgeber kann eine Kränkung des Arbeitnehmers gesehen, werden, weshalb der Arbeitgeber schadensersatzpflichtig werden kann. Das Arbeitsgericht spricht in der Regel bei unwirksamen Kündigungen dem Arbeitnehmer einen Schadensersatz (*allmän skadestånd*) von ca. 6000 EUR und bei unwirksamen fristlosen Kündigungen einen Schadensersatz von ca. 9000 EUR aus. Vor den Amtsgerichten beträgt der Schadensersatz in beiden Fällen ca. 8000 EUR. Dieser kann durch das Gericht herabgesetzt werden oder gänzlich entfallen.

Neben diesem allgemeinen Schadensersatz kann ein Arbeitnehmer auch einen wirtschaftlichen Schadensersatz für den Schaden geltend machen, der ihm durch die Kündigung entstanden ist.[13] Dieser Schadensersatz wird nur für einen tatsächlichen wirtschaftlichen Verlust des Arbeitnehmers ausgesprochen. Das Gericht kann hier ein eventuelles Einkommen des Arbeitnehmers von anderer Seite in Abzug bringen. Das Schadensersatzbegehren kann vonseiten des Gerichts ebenfalls heruntergesetzt oder gänzlich abgewiesen werden. Dies kann zum Beispiel dann der Fall sein, wenn der Arbeitnehmer keine ausreichende Schadensbegrenzung betrieben hat, in dem er nicht aktiv eine neue Arbeit gesucht oder ein angemessenes Stellenangebot nicht angenommen hat. Die Obergrenze für den wirtschaftlichen Schadensersatz wird durch das Kündigungsschutzgesetz[14] in § 39 bestimmt.

In den letzten Jahren hat sich in Schweden ein Trend gezeigt, dass Arbeitgeber häufiger vom Ausspruch der außerordentlichen Kündigung Gebrauch machen. Hat diese vor Gericht keinen Bestand, reichen die Kündigungsgründe aber noch für eine ordentliche Kündigung aus, so muss der Arbeitgeber den höheren Schadensersatz zahlen. Dies kann im Vergleich zur Fortzahlung des Entgelts während des Gerichtsverfahrens, wie es bei der ordentlichen Kündigung der Fall ist, für den Arbeitgeber immer noch wesentlich günsti-

[12] Bericht: *Uppsägningstvister – En översyn av regelverket kring tvister i samband med uppsägning av arbetstagare (SOU 2012:62)* vom 28. September 2012 von Jonas Malmberg; http://www.regelradet.se/wp-content/files_mf/13575514942012_440_remiss.pdf, eine englische Zusammenfassung findet sich unter: http://www.regeringen.se/content/1/c6/20/02/27/8673fe04.pdf.

[13] Kündigungsschutzgesetz (*lag (1982:80) om anställningsskydd – LAS*) § 38.

[14] *Lag (1982:80) om anställningsskydd – LAS.*

ger sein. Bei der ordentlichen Kündigung besteht die Anstellung ja mindestens bis zum Urteilsspruch, bei der außerordentlichen Kündigung endet die Anstellung hingegen mit Zugang der Kündigung.

10.3 Kollektivrechtliche Streitigkeiten

Für kollektivrechtliche Streitigkeiten zwischen Arbeitgeber oder Arbeitgeberverbänden und Gewerkschaften ist das Arbeitsgericht (*Arbetsdomstolen*) ebenfalls zuständig. Im Jahr 2014 waren 20 Prozent der beim Arbeitsgericht eingereichten Klagen (*A-mål*) Streitigkeiten über die Auslegung von Tarifverträgen bzw. tarifvertraglichen Klauseln.[15]

10.4 Verjährung

Grundsätzlich gilt in Schweden für zivilrechtliche Forderungen eine zehnjährige Verjährungsfrist.[16] Das Arbeitsrecht unterliegt hingegen kürzeren Verjährungsfristen, die im Folgenden beschrieben werden.

Die meisten Tarifverträge enthalten in ihren Verhandlungsordnungen Fristen, innerhalb derer bei Streitigkeiten lokale Verhandlungen zwischen dem Arbeitgeber und der Gewerkschaft einberufen werden müssen. Diese Frist beläuft sich in der Regel auf vier Monate nach Kenntnisnahme der anspruchsbegründenden Tatsachen. Wird diese Frist versäumt, kann eine Verhandlung nicht mehr verlangt werden. Das gleiche gilt, wenn die anspruchsbegründenden Tatsachen mehr als zwei Jahre zurückliegen. Auch eine gerichtliche Prüfung des Anspruchs ist dann ausgeschlossen. Das Gericht wird eine solche Klage zurückweisen.

Das Betriebliche Mitbestimmungsgesetz (*medbestämmandelagen – MBL*) [17] enthält für den Fall, dass ein Arbeitgeber, ein Arbeitgeberverband oder eine Gewerkschaft einen Anspruch auf Schadensersatz oder einen anderen Erfüllungsanspruch aus dem Betrieblichen Mitbestimmungsgesetz oder dem Tarifvertrag geltend machen will, die gleichen Fristen wie eben beschrieben. Bei Einhaltung der Verhandlungsfristen und der Durchführung von lokalen und zentralen Verhandlungen muss eine Klage vor dem Arbeitsgericht spätestens drei Monate nach Abschluss der zentralen Verhandlungen erhoben werden.[18]

Auch das Kündigungsschutzgesetz enthält Verjährungsfristen. Ein Arbeitnehmer, der gegen eine ordentliche oder außerordentliche Kündigung gerichtlich vorgehen will, muss

[15] Siehe dazu der Jahresbericht des Arbeitsgerichts für 2014 (*Arbetsdomstolens Årsredovisning 2014*) unter: http://www.arbetsdomstolen.se/upload/pdf/2015/ADarsred2014.pdf, S. 8.

[16] So das Verjährungsgesetz (*preskriptionslag* (*1981:130*)) §§ 1 und 2.

[17] Betriebliches Mitbestimmungsgesetz (*lag (1976:580) om medbestämmande i arbetslivet – MBL*) § 64.

[18] Betriebliches Mitbestimmungsgesetz (*lag (1976:580) om medbestämmande i arbetslivet – MBL*) § 65.

den Arbeitgeber über dieses Vorhaben spätestens zwei Wochen nach Zugang der ordentlichen oder außerordentlichen Kündigung informieren. Sofern die Kündigung keine Rechtsbehelfsbelehrung enthält, hat der Arbeitnehmer nach Ende der Kündigungsfrist einen Monat Zeit, gegen die Kündigung vorzugehen. Spätestens weitere zwei Wochen nach dieser Frist muss die Kündigungsschutzklage vor Gericht erhoben werden. Will ein Arbeitnehmer nicht gegen die Kündigung als solche vorgehen, sondern Schadensersatz oder einen anderen Anspruch geltend machen, muss er den Arbeitgeber hierüber spätestens vier Monate nach dem Ausspruch der Kündigung oder nach der Fälligkeit der Forderung informieren.

Sofern in den Verhandlungen keine Einigung erzielt wird, muss die Klage, soweit sie die Kündigung selbst betrifft, spätestens zwei Wochen nach Scheitern der Verhandlungen vor Gericht erhoben werden. Zielt die Klage auf Schadensersatz oder andere Ansprüche ab, so muss sie innerhalb von vier Monaten nach Abschluss der Verhandlungen erhoben werden. Findet keine Verhandlung statt, weil zum Beispiel der Arbeitnehmer kein Gewerkschaftsmitglied ist, muss eine Klage spätestens zwei Wochen bzw. vier Monate (abhängig vom Anspruch) nach Ablauf der Unterrichtungsfrist für die Verhandlung erhoben werden.[19]

Ansprüche aus dem Urlaubsgesetz wie Urlaubsgeld oder Schadensersatz muss ein Arbeitnehmer innerhalb von zwei Jahren nach Ablauf des Urlaubsjahres geltend machen, in welchem er das Urlaubsgeld hätte erhalten müssen.[20]

Die Verjährung muss als Einrede geltend gemacht werden. Ein Arbeitgeber, der sich trotz Ablauf der Verjährungsfristen auf eine Verhandlung oder eine Klage einlässt, muss sich dies zurechnen lassen.

Literatur

Zitierte Literatur

Jahresbericht des Arbeitsgerichts für 2014 (*Arbetsdomstolens Årsredovisning 2014*) unter: http://www.arbetsdomstolen.se/upload/pdf/2015/ADarsred2014.pdf

Malmberg, Jonas, *Uppsägningstvister – En översyn av regelverket kring tvister i samband med uppsägning av arbetstagare (SOU 2012:62)* vom 28. September 2012 http://www.regelradet.se/wp-content/files_mf/13575514942012_440_remiss.pdf

Empfohlene Literatur

D'Oliwa, Louise, *Anställning, uppsägning, avsked,* Stockholm 2012

Källström, Kent; Malmström, Jonas, *Anställningsförhållandet*, 3. Auflage, Uppsala 2013

Öman, Sören, *Anställningsskyddspraxis,* 7. Auflage, Stockholm 2014

[19] Kündigungsschutzgesetz (*lag (1982:80) om anställningsskydd – LAS*) § 40.

[20] Urlaubsgesetz (*semesterlagen* (*1977:480*)) § 33.

11 Kollektives Arbeitsrecht

11.1 Arbeitgeberverbände

Die Arbeitgeber sind in Arbeitgeberverbänden organisiert. Hier dominiert der Dachverband der schwedischen Wirtschaft (*Svenskt Näringsliv*) die Vereinigungen der Arbeitgeber. *Svenskt Näringsliv* sind 49 Branchen- und Arbeitgeberverbände angeschlossen und der Verband umfasst damit ca. 60.000 Unternehmen mit insgesamt 1,6 Millionen Arbeitnehmern.[1]

Die Arbeitgeberverbände sind in drei Ebenen aufgeteilt. Der Dachverband (*huvudorganisation*) bildet die erste Ebene, die nationalen Mitgliedsverbände bilden die zweite Ebene (*förbundsnivå*). Zu diesen gehören zum Beispiel der Zusammenschluss von sieben Arbeitgeberverbänden der Dienstleistungsbranche in den Verband *Almega* mit 10.000 Mitgliedsunternehmen, in denen 500.000 Menschen arbeiten,[2] der Arbeitgeberverband *Svensk Handel* für den Einzel- und Großhandel mit 13.000 Mitgliedsunternehmen, die insgesamt 300.000 Arbeitnehmer beschäftigen[3] oder der Arbeitgeberverband *Teknikföretagen* für Unternehmen in der technischen Industrie mit 3500 Mitgliedsunternehmen[4]. Die dritte Ebene sind die Mitgliedsunternehmen und damit die Arbeitgeber selbst.

[1] Informationen in englischer Sprache unter: http://www.svensktnaringsliv.se/english/about-us_563030.html.

[2] Informationen in englischer Sprache unter: https://www.almega.se/om-almega/in-english.

[3] Informationen in englischer Sprache unter: http://www.svenskhandel.se/In-English/About-Svensk-Handel/.

[4] Informationen in englischer Sprache unter: http://www.teknikforetagen.se/home/About-us/.

Deutsch-Schwedische Handelskammer (Hrsg.), *Arbeitsrecht in Schweden*,
DOI 10.1007/978-3-658-10205-0_11

11.2 Gewerkschaften und Unternehmensmitbestimmung

Ca. 70 Prozent der schwedischen Arbeitnehmer sind Mitglied einer Gewerkschaft. Dieser hohe Organisationsgrad hat geschichtliche Gründe und geht unter anderem auf die Tatsache zurück, dass eine Mitgliedschaft in der Arbeitslosenversicherung nur bei Mitgliedschaft in einer Gewerkschaft möglich war. Dies ist heute nicht mehr der Fall.

Die institutionalisierte Vertretung der Arbeitnehmerinteressen im Unternehmen erfolgt in Schweden ausschließlich durch Gewerkschaften. Einen Betriebsrat kennt das schwedische Arbeitsrecht auf nationaler Ebene nicht. Auch diese Umstände tragen sicherlich zu der hohen Organisationsdichte der Gewerkschaften in Schweden bei.

Die Beziehungen zwischen Arbeitgeberseite und Gewerkschaften sind seit langem durch Vertrauen, Kooperation und gegenseitigem Verständnis geprägt. Die Arbeitgeberseite wertschätzt grundsätzlich das Engagement der Gewerkschaften im laufenden Betrieb und respektiert deren Verhandlungsrecht. Die Gewerkschaften wiederum akzeptieren in der Regel die unternehmerische Freiheit und die aufgrund der technischen und wirtschaftlichen Entwicklung zum Teil notwendigen Betriebsänderungen.

Die schwedischen Gewerkschaften teilen sich in Gewerkschaften für Arbeiter und Angestellte auf. Diese Gruppen treffen jeweils für sich – lokal oder zentral – Tarifverträge mit den Arbeitgeberverbänden oder den einzelnen Arbeitgebern. Bei möglichen Abgrenzungsschwierigkeiten in den Tarifverträgen, d. h. ob die jeweiligen Arbeitsaufgaben unter die typischen Arbeitsaufgaben eines Arbeiters oder Angestellten fallen, haben die Dachverbände der Gewerkschaften sog. Grenzziehungsübereinkommen (*gränsdragningsöverenskommelse*) vereinbart. Ein Arbeitgeber ist durch diese Übereinkommen jedoch nicht gebunden, sondern kann in der Praxis den Tarifvertrag anwenden, der bisher üblicherweise angewandt wurde. Arbeitnehmer mit gleichartigen Aufgaben sollten allerdings unter den Regelungsbereich des gleichen Tarifvertrages fallen.

Die meisten Gewerkschaften in Schweden haben sich in insgesamt drei Dachverbänden organisiert. Der größte Verband ist LO (*Landsorganisationen i Sverige*) mit 14 Mitgliedsgewerkschaften[5] und 1,47 Millionen Mitgliedern. Mitglieder bei LO sind gewerkschaftlich organisierte Arbeiter.[6] Der zweitgrößte Dachverband ist TCO (*Tjänstemännens Centralorganisation*) mit 14 Mitgliedsgewerkschaften und 1,3 Millionen Mitgliedern.[7] Die Mitglieder sind Angestellte aus dem öffentlichen und privaten Sektor. Der drittgrößte Dachverband, der Verband der Akademiker, SACO (*Sveriges Akademikers Centralorganisation*) hat 22 Mitgliedsgewerkschaften und 650.000 Mitglieder.[8]

Viele Gewerkschaften haben sich zu Verhandlungsorganisationen zusammengeschlossen. Die bedeutendste Organisation ist ein Zusammenschluss der Privatangestellten des

---

[5] Eine Liste der Gewerkschaften findet sich unter: http://www.lo.se/start/om_oss/forbunden.

[6] Informationen in der englischen Sprache unter: http://www.lo.se/english/this_is_lo.

[7] Informationen in der englischen Sprache unter: http://www.tco.se/Om-TCO/Detta-ar-TCO/This-is-TCO/.

[8] Informationen in der englischen Sprache unter http://www.saco.se/en/.

sog. PTK (*Privattjänstemannakartellen*) mit 25 Mitgliedsgewerkschaften.[9] Das Mandat von PTK bezieht sich auf Versicherungs- und Ruhestandsregelungen sowie die Arbeitsumwelt, Hilfe für Angestellte, die betriebsbedingt gekündigt wurden, und die Ausbildung von Gewerkschaftsvertretern in den Verwaltungsräten der Unternehmen.

Auf der ersten Ebene der Gewerkschaftsstruktur befinden sich demzufolge die Dachverbände LO, TCO und SACO. Auf der zweiten Ebene liegen die nach dem Industrieverbandsprinzip organisierten Mitgliedsgewerkschaften der Dachverbände, die sog. Zentralen Arbeitnehmerorganisationen (*central arbetstagarorganisation*); auf der dritten Ebene finden sich die Abteilungen (*avdelning*) der Gewerkschaften, die für eine bestimmte Region zuständig sind, und auf der vierten Ebene – in den Betrieben – gibt es schließlich die lokalen Gewerkschaftsvereinigungen (*klubbar*).

Diese lokalen Gewerkschaftsvereinigungen (*klubbar*) nehmen in Abstimmung mit den regionalen Abteilungen (*avdelningar*) oder zentral die Beteiligungsrechte der Arbeitnehmer im Betrieb war. Dies können zum Beispiel Mitbestimmungsverhandlungen wegen betriebsbedingter Kündigungen oder der Abschluss von Tarifverträgen auf lokaler Ebene sein. Die Errichtung der lokalen Gewerkschaftsvereinigung (*klubb*) ist an keine Mindestanzahl von Mitgliedern gebunden. Die Gewerkschaften entscheiden selbst, wann und ab welcher Arbeitnehmerzahl eine Vereinigung gebildet werden soll. Voraussetzung ist aber eine Tarifbindung des Arbeitgebers.

Bei Arbeitgebern, die für eine eigene Gewerkschaftsvereinigung im Betrieb zu klein sind, nehmen die regionalen Abteilungen der Gewerkschaften die Aufgaben der lokalen Vereinigungen wahr.

Die Trennung der Gewerkschaften in Arbeiter und Angestellte findet sich auch auf der betrieblichen Ebene wieder. In produzierenden Unternehmen gibt es in der Regel zwei Gewerkschaftsvereinigungen (*klubbar*), mit welchen der Arbeitgeber in Mitbestimmungsfragen verhandeln muss. Dies sind zum einen die lokale Vereinigung einer Arbeitergewerkschaft und zum anderen die lokale Vereinigung einer Angestelltengewerkschaft. Je nachdem, um welche Fragen es sich handelt und welche Gewerkschaftsmitglieder betroffen sind, verhandelt der Arbeitgeber mit beiden Gewerkschaften einzeln oder gemeinsam.

In der Regel wählt jede lokale Vereinigung einen Vorsitzenden oder eine Vorsitzende der Gruppe. Mit dieser Person führt der Arbeitgeber die Verhandlungen nach dem Betrieblichen Mitbestimmungsgesetz[10] oder dem Kündigungsschutzgesetz[11].

Die schwedische Unternehmensmitbestimmung kennt keinen Betriebsrat. Vielmehr wird die Arbeitnehmervertretung in allen Ebenen ausschließlich von den Gewerkschaften wahrgenommen. Im Gegensatz zum Betriebsrat, der alle Mitarbeiter eines Unternehmens vertritt und von allen wahlberechtigten Mitarbeitern gewählt wird, werden die Repräsentanten der lokalen Gewerkschaftsvereinigungen in Schweden nur von den Gewerkschaftsmitgliedern im Unternehmen gewählt. Ihr Mandat hat allerdings Aus-

[9] Die Website von PTK gibt es nur in der schwedischen Sprache: http://www.ptk.se/sv/.

[10] *Lag (1976:580) om medbestämmande i arbetslivet – MBL.*

[11] *Lag (1982:80) om anställningsskydd – LAS.*

wirkungen auf alle Mitarbeiter eines Unternehmens. So kommt es in der Praxis vor, dass Gewerkschaftsvertreter im Unternehmen zum Beispiel bei Betriebsänderungen ihre eigenen Mitglieder gegenüber gewerkschaftlich nicht organisierten Arbeitnehmern bevorzugen.[12]

Gewerkschaftsvertreter im Unternehmen haben bestimmte Rechte; hat eine Gewerkschaft bei einem tarifvertraglich gebundenen Arbeitgeber einen oder mehrere gewerkschaftliche Vertrauensleute ernannt, vertreten diese die Arbeitnehmer bei allen Fragen, die das Verhältnis zwischen Arbeitgeber und Belegschaft betreffen.[13]

Gewerkschaftliche Vertrauensleute sind der Vorsitzende der lokalen Gewerkschaftsvereinigung (*klubb*) sowie dessen Stellvertreter, der Sicherheitsbeauftragte (*skyddsombud),* das Mitglied der Sicherheitsgruppe (*skyddskomitté*) oder der Gewerkschaftsvertreter im Verwaltungsrat (*styrelse*) des Arbeitgebers.

Der Arbeitgeber darf den Vertrauensmann nicht bei seiner Arbeit behindern oder ihn aufgrund seiner Stellung als Vertrauensmann zu schlechteren Anstellungsbedingungen beschäftigen. Der Vertrauensmann hat das Recht, zur Ausübung seines gewerkschaftlichen Auftrags entsprechend freigestellt zu werden. Bei Vorliegen bestimmter Voraussetzungen werden ihm während der Freistellung seine Bezüge weitergezahlt. Dies ist dann der Fall, wenn seine gewerkschaftliche Tätigkeit den Betrieb, in dem er tätig ist, betrifft.[14] Bei Ausbildungen und Kursen, die der Vertrauensmann ableistet, kommt hingegen eine bezahlte Freistellung nur dann in Betracht, wenn die Ausbildung tatsächlich eine direkte Bedeutung für die Bedingungen am Arbeitsplatz hat. Die Rechtsprechung des Arbeitsgerichts ist hier zugunsten des Vertrauensmannes großzügig.[15] Zudem steht der Gewerkschaft das Recht des sog. Auslegungsprivilegs (*tolkningsföreträde*) zu. Das beinhaltet, dass die Auffassung der Gewerkschaft bis auf weiteres gilt. Der Arbeitgeber kann zwar zur Klärung dieser Frage Klage erheben, bis zum Ausspruch des Urteils gilt aber die Auffassung der Gewerkschaft.

Verstößt der Arbeitgeber gegen die Regelungen des Gesetzes über den gewerkschaftlichen Vertrauensmann, so kann er sich schadensersatzpflichtig machen. Die Gewerkschaft selbst kann sich dem Arbeitgeber gegenüber hingegen nur dann schadensersatzpflichtig machen, wenn sie wusste oder hätte erkennen können, dass sie ihr Auslegungsprivileg missbräuchlich ausgeübt hat. Ein möglicher Schadensersatzanspruch des Arbeitgebers muss dann innerhalb von vier Monaten geltend gemacht werden.

Die Rechte der Gewerkschaften im Rahmen der Unternehmensmitbestimmung sind im Betrieblichen Mitbestimmungsgesetz (*medbestämmandelagen – MBL*[16]) geregelt. Der

---

[12] Siehe zum Beispiel Arbeitsgericht (*Arbetsdomstolen*) AD 2013 Nr. 11.

[13] Gesetz über den gewerkschaftlichen Vertrauensvertreter am Arbeitsplatz (*lag (1974:358) om facklig förtroendemans ställning på arbetsplatsen*) § 1.

[14] Gesetz über den gewerkschaftlichen Vertrauensmann am Arbeitsplatz (*lag (1974:358) om facklig förtroendemans ställning på arbetsplatsen*) § 7.

[15] Siehe zum Beispiel: Arbeitsgericht (*Arbetsdomstolen*) AD 1977 Nr. 51, AD 1978 Nr. 47, AD 1980 Nr. 90, AD 2005 Nr. 42, AD 2008 Nr. 110 und AD 2010 Nr. 1

[16] *Lag (1976:580) om medbestämmande i arbetslivet.*

Begriff Mitbestimmung ist allerdings missverständlich. Zwischen den Beteiligungsrechten von Arbeitnehmern in Schweden und Deutschland bestehen erhebliche Unterschiede. Als Beispiel mag der Fall der fehlenden Verhandlungspflicht des Arbeitgebers mit der Gewerkschaft bei Ausspruch der betriebsbedingten Kündigung dienen. In Deutschland führt die fehlende Anhörung des Betriebsrates zur Unwirksamkeit der Kündigung, in Schweden hingegen lediglich zu möglichen Schadensersatzansprüchen der Gewerkschaft, wohingegen die Kündigung selbst Bestand hat. Es handelt sich also nicht um ein Mitbestimmungsgesetz mit dem Ziel einer echten Mitbestimmung, sondern Sinn und Zweck ist vielmehr, Möglichkeiten zur Einflussnahme von Gewerkschaften auf die Entscheidungen des Arbeitgebers zu schaffen.

Trotz umfassender Verhandlungsrechte der Gewerkschaften behält der Arbeitgeber bei unternehmerischen Fragen grundsätzlich das Entscheidungsrecht. In der Natur des kooperativen schwedischen Modells mit seiner Verhandlungsstruktur liegt allerdings auch, dass ein Arbeitgeber den Argumenten der Gewerkschaften gegenüber offen ist und im Einzelfall seine Meinung zugunsten der Gewerkschaft ändert.

Das allgemeine Verhandlungsrecht ist in § 10 des Betrieblichen Mitbestimmungsgesetzes geregelt und gibt den Gewerkschaften, Arbeitgebern und Arbeitgeberverbänden als Generalklausel die Grundlage und das Recht auf Verhandlungen bezüglich aller an einem Arbeitsplatz regelbaren Angelegenheiten. Er findet Anwendung auf das Verhältnis zwischen Arbeitgeber und allen Arbeitnehmern eines Arbeitgebers. Arbeitgeber und Gewerkschaften können Verhandlungen für alle Angelegenheiten verlangen, die Gegenstand eines Tarifvertrags sein können. Das Ziel des allgemeinen Verhandlungsrechts nach § 10 des Betrieblichen Mitbestimmungsgesetzes ist daher auch häufig der Abschluss eines Tarifvertrags.

Inhaltlich bedeutet die allgemeine Verhandlungspflicht, dass die Parteien selbst oder durch einen Vertreter zu den Verhandlungen erscheinen, und, sofern erforderlich, einen begründeten Vorschlag zur Lösung der aufgeworfenen Fragen vorlegen müssen.[17] Die Gegenseite soll dadurch vollständige Informationen über die zu verhandelnden Fragen erhalten. Falls sich eine Partei auf schriftliche Dokumente beruft, muss sie diese der Gegenseite auf Verlangen vorlegen.[18]

Die Parteien sind gehalten, im bestmöglichen Umfang auf eine Einigung hinzuarbeiten. Es besteht allerdings keine rechtliche Verpflichtung, eine einvernehmliche Vereinbarung zu erreichen.

Ein Verhandlungsbegehren muss der Gegenseite auf deren Willen hin schriftlich zugehen. In der Praxis ist die Übersendung eines Verhandlungsbegehrens per E-Mail üblich. Verhandlungsbegehren und -gegenstand müssen sich klar aus dem Antrag ergeben.[19] Sofern sich die Parteien nicht anderweitig einigen, sollen die Verhandlungen innerhalb von

---

[17] Betriebliches Mitbestimmungsgesetz (*lag (1976:580) om medbestämmande i arbetslivet – MBL*) § 15.

[18] Diese Vorlagepflicht (*editionsplikt*) ist in MBL § 18 geregelt.

[19] Betriebliches Mitbestimmungsgesetz (*lag (1976:580) om medbestämmande i arbetslivet – MBL*) § 16 Absatz 1.

zwei Wochen nach Erhalt des Verhandlungsbegehrens beginnen, wenn der Arbeitgeber und die lokale Gewerkschaftsvereinigung die Verhandlungspartner sind. Erfolgt die Verhandlung hingegen auf zentralem Niveau, liegt die Frist bei drei Wochen. Die Verhandlungen sind zügig durchzuführen. Auf Verlangen der anderen Partei wird ein Protokoll über die Verhandlung geführt. In der Praxis ist die Erstellung eines solchen Protokolls üblich. Die Verhandlungen werden entweder durch eine Einigung der Parteien abgeschlossen oder – im Falle der Nichteinigung – durch eine schriftliche Erklärung gegenüber der Gegenseite, dass sie von den Verhandlungen zurücktritt.[20] Die Verhandlungsordnungen der Tarifverträge enthalten weitere Regelungen zur Verhandlung und deren Beendigung.

Zielen die Verhandlungen auf den Abschluss eines Tarifvertrags ab und kommt ein solcher nicht zustande, so steht den Parteien unter bestimmten Voraussetzungen die Möglichkeit von Arbeitskampfmaßnahmen zu.

Die unberechtigte Weigerung einer Partei, sich der allgemeinen Verhandlungspflicht zu unterwerfen, kann zu einer Schadensersatzpflicht führen.[21] Hierbei ist der Schaden zu ersetzen, welcher der anderen Partei durch den Verstoß gegen das Betriebliche Mitbestimmungsgesetz oder den Tarifvertrag entstanden ist. Diesbezüglich wird im Betrieblichen Mitbestimmungsgesetz zwischen wirtschaftlichem Schaden (dieser entspricht in etwa dem deutschen Begriff des Vermögensschadens) und allgemeinem Schaden (d. h. dem immateriellen Schaden) unterschieden. Der allgemeine Schadensersatz soll der Partei, die gegen die allgemeine Verhandlungspflicht verstoßen hat, die Bedeutung der arbeitsrechtlichen Bestimmung vor Augen führen. Zugleich soll die Gegenseite für den Schaden, den sie aufgrund der Verletzung erlitten hat, kompensiert werden.

Die Mitbestimmungsverhandlungsrechte sind in den §§ 11–14 des Betrieblichen Mitbestimmungsgesetzes geregelt und verankern die. Mitbestimmungsrechte der Gewerkschaften und deren Einflussmöglichkeiten bei bestimmten Entscheidungen des Arbeitgebers.

Ein tarifgebundener Arbeitgeber, der wichtige Veränderungen seiner wirtschaftlichen Tätigkeit durchführen will, muss nach § 11 des Betrieblichen Mitbestimmungsgesetzes zuvor mit den Gewerkschaften, mit denen er einen Tarifvertrag geschlossen hat, Verhandlungen führen (*primär förhandlingsskyldighet*). Nur in Ausnahmefällen kann der Arbeitgeber bei Vorliegen außergewöhnlicher Gründe eine wichtige Veränderung beschließen und durchführen, ohne die Verhandlungen abzuwarten.[22]

Zum einen hat ein Arbeitgeber dadurch bei allen wichtigen Veränderungen, die nicht nur einzelne Arbeitnehmer betreffen, sondern auch für größere Gruppen von Arbeitnehmern von Bedeutung sind, eine primäre Verhandlungspflicht (*sog. verksamhetsfallet*). Zum anderen gilt die primäre Verhandlungspflicht auch bei wichtigen Veränderungen

[20] Betriebliches Mitbestimmungsgesetz (*lag (1976:580) om medbestämmande i arbetslivet – MBL*) § 16 Absatz 2 und 3.

[21] Betriebliches Mitbestimmungsgesetz (*lag (1976:580) om medbestämmande i arbetslivet – MBL*) §§ 54, 55.

[22] Betriebliches Mitbestimmungsgesetz (*lag (1976:580) om medbestämmande i arbetslivet – MBL*) § 11 Absatz 2.

der Anstellungsbedingungen und damit auch für Fragen, die für den einzelnen Arbeitnehmer, der gleichzeitig Mitglied in einer mit dem Arbeitgeber tarifvertragsgebundenen Gewerkschaft ist, relevant sind (*sog. arbetstagarfallet*).[23]

Wichtige Veränderungen sind alle Veränderungen in der Tätigkeit des Arbeitgebers, die für die Arbeitnehmer eine solche Bedeutung haben, dass der Arbeitgeber typischerweise mit einem Verhandlungsbegehren der Gewerkschaft rechnen muss. Sie liegen zum Beispiel in folgenden Fällen vor:[24]

- Ausweitung, Verlegung, Stilllegung oder Einschränkung der wirtschaftlichen Tätigkeit,
- Unternehmens- oder Betriebsveräußerungen,
- die Errichtung neuer Anlagen,
- größere Investitionsbeschlüsse,
- Entscheidungen zur Arbeitsorganisation,
- Auswahl von Arbeitsaufgaben und -methoden,
- Planung und Einrichtung von Arbeitsplätzen,
- Änderung der Arbeitszeit sowie
- personalpolitische Entscheidungen von besonderer Bedeutung.

Bei Entscheidungen, die das einzelne Arbeitsverhältnis betreffen, gelten zum Beispiel folgende Maßnahmen als wichtige Veränderungen:[25]

- die geplante Versetzung eines Arbeitnehmers sowie
- die Änderung seiner Arbeitszeiten oder -aufgaben.

Ist sich der Arbeitgeber im Einzelfall unsicher, ob eine wichtige Veränderung vorliegt, sollte er unbedingt mit den Gewerkschaften, mit denen er tarifvertraglich gebunden ist, Mitbestimmungsverhandlungen durchführen, bevor er über entsprechende Veränderungen entscheidet oder diese umsetzt. Die Tatsache, dass es sich beim schwedischen Arbeitgeber zum Beispiel um eine Tochtergesellschaft einer ausländischen Konzernmutter handelt und die Entscheidung über wichtige Veränderungen zentral von der Konzernmutter getroffen wird, ändert nichts an der primären Verhandlungspflicht des schwedischen Arbeitgebers vor der Entscheidung über wichtige Veränderungen. Ziel des § 11 des Betrieblichen Mitbestimmungsgesetzes ist es, den Gewerkschaften die Möglichkeit einzuräumen, Einfluss auf die Entscheidungsfindung des Arbeitgebers nehmen zu können, bevor diese endgültig getroffen wurde. Die Gewerkschaften sollen auf sinnvolle Art und Weise am Entscheidungsprozess des Arbeitgebers teilnehmen können. Bei komplexen Fragestellungen kann daher eine frühzeitige Einbindung der Gewerkschaften notwendig sein.

[23] Betriebliches Mitbestimmungsgesetz (*lag (1976:580) om medbestämmande i arbetslivet – MBL*) § 11 Absatz 1.

[24] Siehe hierzu die Vorarbeiten zum Betrieblichen Mitbestimmungsgesetz *proposition 1975/76:105, S. 353ff.;* Holke/Olauson, *Medbestämmandelagen*, S. 110 mit vielen Nachweisen zur Rechtsprechung des Arbeitsgerichts hierzu.

[25] Zum sog. *arbetstagarfallet* auch Arbeitsgericht (*Arbetsdomstolen*) AD 2010 Nr. 69.

Bei einem Verstoß des Arbeitgebers gegen seine primären Verhandlungspflichten können die Gewerkschaften einen Schadensersatzanspruch gegen diesen geltend machen.[26]

Eine Frist, in welcher die Verhandlungen durchgeführt werden müssen, sieht das Gesetz nicht vor.[27]

Die Verhandlungen werden zunächst auf lokaler Ebene geführt. Erfolgt hier keine Einigung, sieht das Gesetz in § 14 des Betrieblichen Mitbestimmungsgesetzes eine Verlagerung der Verhandlungen auf die zentrale Ebene vor. Kommt in den Verhandlungen keine Einigung zustande, kann die Gewerkschaft nicht mit Arbeitskampfmaßnahmen gegen den Arbeitgeber vorgehen, sondern allenfalls die Entscheidung des Arbeitgebers vor Gericht angreifen, falls diese gegen arbeitsrechtliche Vorschriften verstößt. Hat der Arbeitgeber seiner Verhandlungspflicht Genüge getan und sind die Verhandlungen abgeschlossen, auch wenn keine Einigung erzielt wurde, so kann er die Entscheidung treffen und durchführen, wie er sie für richtig hält.

Bei Entscheidungen, die der Arbeitgeber nicht gemäß § 11 des Betrieblichen Mitbestimmungsgesetzes verhandeln muss, können die Gewerkschaften, mit denen der Arbeitgeber einen Tarifvertrag abgeschlossen hat, gleichwohl Verhandlungen mit diesem verlangen, soweit die Entscheidung Mitglieder dieser Gewerkschaften betrifft.[28]

Bei Vorliegen besonderer Gründe kann der Arbeitgeber einen Beschluss fassen und umsetzen, bevor er seiner Verhandlungspflicht nachgekommen ist.[29] Hier werden weniger strenge Maßstäbe angelegt als an die Ausnahmeregel in § 11 des Betrieblichen Mitbestimmungsgesetzes.[30]

Ein Arbeitgeber hat gemäß § 13 Absatz 1 des Betrieblichen Mitbestimmungsgesetzes auch eine Verhandlungspflicht gegenüber den Gewerkschaften, mit denen er nicht tarifvertraglich verbunden ist, sofern eine Frage besonders die Anstellungsbedingungen eines der Mitglieder dieser Gewerkschaften betrifft. § 13 des Betrieblichen Mitbestimmungsgesetzes verweist hier auf die Verhandlungsrechte nach §§ 11 und 12 des Betrieblichen Mitbestimmungsgesetzes. Dies wäre zum Beispiel der Fall bei einer Entscheidung des Arbeitgebers, das Gewerkschaftsmitglied zu versetzen oder auf andere Art und Weise das individuelle Arbeitsverhältnis zu ändern. In diesem Fall muss der Arbeitgeber mit der Gewerkschaft dieses Mitarbeiters vorab verhandeln. Bei Fragen, welche gerade nicht die Arbeitsverhältnisse einzelner Mitarbeiter, sondern Planungsfragen oder Fragen zur

---

[26] Betriebliches Mitbestimmungsgesetz (*lag (1976:580) om medbestämmande i arbetslivet – MBL*) §§ 54, 55.

[27] In den Vorarbeiten zum Betrieblichen Mitbestimmungsgesetz wird allerdings betont, dass die Verhandlungen so zeitig aufgenommen werden sollen, dass sie einen natürlichen Teil im Entscheidungsprozess des Arbeitgebers darstellen, *proposition* 1975/76:105, S. 355 f.

[28] Betriebliches Mitbestimmungsgesetz (*lag (1976:580) om medbestämmande i arbetslivet – MBL*) § 11 Absatz 1 Satz 1.

[29] Betriebliches Mitbestimmungsgesetz (*lag (1976:580) om medbestämmande i arbetslivet – MBL*) § 11 Absatz 1 Satz 2.

[30] Holke/Erlauson, *Medbestämmandelagen*, S. 129 mit Hinweisen zum unterschiedlichen Wortlaut der beiden Bestimmungen.

Arbeitsorganisation insgesamt betreffen, hat der Arbeitgeber nur gegenüber den Gewerkschaften, mit denen er tarifvertraglich verbunden ist, eine primäre Verhandlungspflicht.

Hat ein Arbeitgeber keinerlei tarifvertragliche Bindung, so muss er nach § 11 Absatz 2 des Betrieblichen Mitbestimmungsgesetzes mit allen Gewerkschaften über betriebsbedingte Kündigungen oder einen geplanten Betriebsübergang verhandeln, deren Mitglieder von diesen Fragen betroffen sind (§ 13 Absatz 2).

Das Betriebliche Mitbestimmungsgesetz regelt den gesetzlichen Mindeststandard der Beteiligungsrechte der Arbeitnehmer im Unternehmen. Durch sog. Mitbestimmungsverträge[31] (*medbestämmandeavtal*) können Gewerkschaften und Arbeitgeber die Bestimmungen des Betrieblichen Mitbestimmungsgesetzes ergänzen oder abändern und andere Formen der Arbeitnehmerbeteiligung schaffen. Diese Mitbestimmungsverträge sind Tarifverträge, die sich gerade nicht mit Lohnfragen und allgemeinen Arbeitsbedingungen befassen, sondern mit Fragen zur Eingehung und Beendigung von Anstellungsverträgen, der Leitung und Verteilung der Arbeit und mit Fragen zum Geschäftsbetrieb im Übrigen.

Entscheidungsbefugnisse, die dem Arbeitgeber zustehen, können durch Mitbestimmungsverträge auch auf Mitbestimmungsorgane übertragen werden.[32] Diese setzen sich aus Vertretern von Arbeitgeber- und Arbeitnehmerseite zusammen. Ausgenommen hiervon sind die Befugnisse, die der Hauptversammlung (*bolagsstämma*), dem Verwaltungsrat (*styrelse*) oder dem Geschäftsführer (*verkställande direktör*) eines Unternehmens durch Gesetz zwingend vorgeschrieben bzw. übertragen sind.

Mitbestimmungsverträge können auf der Ebene der Dachverbände, auf zentraler und lokaler Ebene abgeschlossen werden. Häufig erfolgt die Vereinbarung auf Dachverbands- und zentraler Ebene mit einer Umsetzung auf lokaler Ebene zwischen Arbeitgeber und lokaler Gewerkschaftsvereinigung (*klubb*).

Der wichtigste Mitbestimmungsvertrag, der bisher in Schweden vereinbart wurde, ist der sog. Entwicklungsvertrag (*utvecklingsavtal*), der 1982 von dem Dachverband der Arbeitgeber und dem Dachverband der Arbeiter sowie der Verhandlungsorganisation PTK (*Privattjänstemannakartellen*) abgeschlossen wurde. Durch den Entwicklungsvertrag können zum Beispiel Mitbestimmungsverhandlungen des Betrieblichen Mitbestimmungsgesetzes durch Mitarbeit von Gewerkschaftsvertretern innerhalb der Linienorganisation des Unternehmens ersetzt werden oder es können aus Arbeitnehmer- und Gewerkschaftsvertretern bestehende Informations- und Kooperationsorgane errichtet werden.

Die Gewerkschaften haben nach dem Betrieblichen Mitbestimmungsgesetz außerdem gewisse Informationsrechte. Sofern sich eine Partei während der Verhandlungen auf schriftliche Dokumente beruft, muss sie diese der Gegenseite zur Verfügung stellen, wenn diese Einsicht verlangt.[33]

---

[31] Die Möglichkeit, solche Mitbestimmungsverträge zu schließen, wird durch das Betriebliche Mitbestimmungsgesetz (*lag (1976:580) om medbestämmande i arbetslivet – MBL*) § 32 eröffnet.

[32] Betriebliches Mitbestimmungsgesetz (*lag (1976:580) om medbestämmande i arbetslivet – MBL*) § 32 Absatz 2.

[33] Betriebliches Mitbestimmungsgesetz (*lag (1976:580) om medbestämmande i arbetslivet – MBL*) § 18.

Darüber hinaus muss der Arbeitgeber die Gewerkschaften, mit denen er einen Tarifvertrag abgeschlossen hat, fortlaufend über die Entwicklung der Produktion und die wirtschaftliche Tätigkeit des Unternehmens sowie die Richtlinien der Personalpolitik informieren. Er muss den Gewerkschaften des Weiteren die Möglichkeit einräumen, die Geschäftsbücher einzusehen, soweit die Gewerkschaft diese Informationen benötigt, um die Interessen ihrer Mitglieder wahrzunehmen.[34]

Ein Arbeitgeber, der keine tarifvertragliche Bindung hat, ist verpflichtet, alle Gewerkschaften, die Mitglieder bei ihm als Arbeitnehmer haben, über die Entwicklung der Produktion und die wirtschaftliche Tätigkeit des Unternehmens sowie die Richtlinien der Personalpolitik zu informieren.[35] Gerade bei Unternehmen mit nicht schwedischen Muttergesellschaften liegt häufig keine tarifvertragliche Bindung vor. Die eben geschilderte Informationspflicht würde in der Praxis bedeuten, dass ein solcher Arbeitgeber zunächst alle Mitarbeiter nach ihrer Gewerkschaftszugehörigkeit befragen und dann alle betroffenen Gewerkschaften regelmäßig über die Entwicklung der Produktion, die wirtschaftliche Tätigkeit des Unternehmens und die Richtlinien der Personalpolitik informieren müsste. In der schwedischen Praxis scheinen die Gewerkschaften jedoch kein Interesse an einem solchen Informationsfluss zu haben, weshalb die Unternehmen dieser auch nicht nachkommen. So dürfte es kaum einen Fall geben, in dem ein Unternehmen der eben beschriebenen Informationspflicht entsprochen oder eine Gewerkschaft eine solche Information eingefordert hätte.

Das Recht der Arbeitnehmer, Repräsentanten in den Verwaltungsrat eines schwedischen Unternehmens zu entsenden, ist im Gesetz über die Mitarbeitervertretung im Verwaltungsrat (*lag om styrelserepresantation för de privatanställda – LSA*)[36] geregelt. Zu den Unternehmen im Sinne des Gesetzes über die Mitarbeitervertretung im Verwaltungsrat gehören Aktiengesellschaften, Banken, Hypothekenbanken, Versicherungsgesellschaften sowie wirtschaftliche Vereinigungen.[37] Waren bei diesen Unternehmen im abgelaufenen Rechenschaftsjahr durchschnittlich mindestens 25 Arbeitnehmer beschäftigt, haben die Gewerkschaften das Recht, zwei Arbeitnehmervertreter und jeweils einen Stellvertreter in den Verwaltungsrat zu entsenden. In Unternehmen mit mindestens 1000 Mitarbeitern und verschiedenen Geschäftsbereichen können die Gewerkschaften drei Vertreter und jeweils einen Stellvertreter ernennen. Die Zahl der Arbeitnehmervertreter darf die Zahl der anderen Verwaltungsratsmitglieder allerdings nicht überschreiten.[38]

[34] Betriebliches Mitbestimmungsgesetz (*lag (1976:580) om medbestämmande i arbetslivet – MBL*) § 19.
[35] Betriebliches Mitbestimmungsgesetz (*lag (1976:580) om medbestämmande i arbetslivet – MBL*) § 19a.
[36] Gesetz über die Mitarbeitervertretung im Verwaltungsrat (*lag (1987:1245) om styrelserepresentation för de privatanställda – LSA*).
[37] Gesetz über die Mitarbeitervertretung im Verwaltungsrat (*lag (1987:1245) om styrelserepresentation för de privatanställda – LSA*) § 2.
[38] Gesetz über die Mitarbeitervertretung im Verwaltungsrat (*lag (1987:1245) om styrelserepresentation för de privatanställda – LSA*) § 4.

Die lokale Gewerkschaftsvereinigung (*klubb*)[39] der Gewerkschaft, mit welcher das Unternehmen einen Tarifvertrag abgeschlossen hat, trifft die Entscheidung, eine Arbeitnehmervertretung aus den Reihen der Arbeitnehmer im Unternehmen in den Verwaltungsrat zu entsenden. Sind in einem Unternehmen mehrere lokale Gewerkschaftsvereinigungen vertreten, können sie einen solchen Beschluss gemeinsam treffen. Der Verwaltungsrat muss von dieser Entscheidung unterrichtet werden. Dies muss schriftlich erfolgen.[40] Falls sich die Gewerkschaften nicht selbst über die Verteilung der Sitze einigen, sieht das Gesetz über die Mitarbeitervertretung im Verwaltungsrat eine Verteilung der Sitze nach einem bestimmten Schlüssel vor.[41]

Die Arbeitnehmervertreter im Verwaltungsrat haben die gleichen Rechte und Pflichten und die gleiche Verantwortung wie die ordentlichen Verwaltungsratsmitglieder.[42] Dies gilt grundsätzlich auch hinsichtlich der Verschwiegenheitspflicht. In Sonderfällen dürfen sie sich jedoch mit der Leitung der lokalen Gewerkschaftsvereinigung (*klubb*) oder anderen gewerkschaftlichen Vertrauensleuten[43] des Unternehmens über Themen im Verwaltungsrat austauschen.

In inhaltlicher Hinsicht dürfen die Arbeitnehmervertreter im Verwaltungsrat jedoch nur an der Behandlung von Fragen teilnehmen, die Tarifvertragsverhandlungen, Arbeitskampfangelegenheiten und andere Fragen betreffen, bei denen die Gewerkschaften ein dem Unternehmen entgegenstehendes Interesse haben könnten.[44] Hinsichtlich der anderen Themen gelten sie als befangen. Erfolgt trotz Befangenheit eine Teilnahme der Arbeitnehmervertreter an einem Verwaltungsratsbeschluss und hat die Teilnahme den Beschluss beeinflusst, so kann der Beschluss unwirksam sein. In der Praxis wird die Frage der Befangenheit in der Regel ganz im Sinne des schwedischen Konsensmodells informell gelöst, indem die Arbeitnehmervertreter bei einer möglichen Befangenheit gar nicht erst an der Behandlung dieser Fragen im Verwaltungsrat teilnehmen und der offizielle Ausschluss damit nicht notwendig ist.

Arbeitgeber und Gewerkschaften, nicht aber der einzelne Arbeitnehmervertreter selbst, können sich bei einem Verstoß gegen das Gesetz über die Mitarbeitervertretung im Verwaltungsrat schadensersatzpflichtig machen.[45]

---

[39] Zu den Aufgaben und der Zusammensetzung des *klubb* siehe oben unter A.2.a).

[40] Gesetz über die Mitarbeitervertretung im Verwaltungsrat (*lag (1987:1245) om styrelserepresentation för de privatanställda – LSA*) § 6.

[41] Gesetz über die Mitarbeitervertretung im Verwaltungsrat (*lag (1987:1245) om styrelserepresantation för de privatanställda – LSA*) § 8.

[42] Gesetz über die Mitarbeitervertretung im Verwaltungsrat (*lag (1987:1245) om styrelserepresantation för de privatanställda – LSA*) § 11.

[43] Der Arbeitnehmervertreter im Verwaltungsrat ist ein gewerkschaftlicher Vertrauensmann im Sinne des *lag (1974:358) om facklig förtroendemans ställning på arbetsplatsen*, dessen Rechte und Pflichten, insbesondere das Recht auf Freistellung bereits früher beschrieben wurde.

[44] Gesetz über die Mitarbeitervertretung im Verwaltungsrat (*lag (1987:1245) om styrelserepresentation för de privatanställda – LSA*) § 14.

[45] Gesetz über die Mitarbeitervertretung im Verwaltungsrat (*lag (1987:1245) om styrelserepresentation för de privatanställda – LSA*) § 15.

Die Unternehmensmitbestimmung im Rahmen des Gesetzes über die Mitarbeitervertretung im Verwaltungsrat wird in der Praxis hauptsächlich als Instrument der Gewerkschaft gesehen, Einblick in die Unternehmenstätigkeit zu erhalten. Die Schaffung eines Gegengewichts zu dem Management oder den Anteilseignern ist hingegen nicht ausschlaggebend. Vielmehr sehen sich die Arbeitnehmervertreter im Verwaltungsrat als Bindeglied zwischen den Beschäftigten und dem Management des Unternehmens. Sie beziehen durchaus Stellung für die Angelegenheiten der Arbeitnehmer, erkennen aber auch die Bedeutung der Unternehmensbelange. In Organisations- und Produktionsfragen sind sie oft deutlich kompetenter als die ordentlichen Verwaltungsratsmitglieder.

Hinsichtlich der europäischen Mitbestimmung lässt sich für Schweden Folgendes sagen: In Schweden wurde 1996 in Umsetzung der EG-Richtlinie 94/45/EG[46] eine gesetzliche Regelung über einen Betriebsrat auf europäischer Ebene (*lag om europeiska företagsråd*)[47] eingeführt und im Jahr 2011 umfassenden Änderungen unterworfen. Das Gesetz behandelt den Einfluss von Arbeitnehmerseite durch Betriebsräte in Unternehmen und Unternehmensgruppen.

Ein solcher Betriebsrat muss gebildet werden, wenn ein Unternehmen mindestens 1000 Arbeitnehmer innerhalb des Europäischen Wirtschaftsraums (EWR)[48] beschäftigt und mindestens 150 Arbeitnehmer in jeweils zwei Ländern des Europäischen Wirtschaftsraums angestellt sind. Für Unternehmensgruppen gilt die gleiche Größenordnung. Das Unternehmen bzw. das herrschende Unternehmen in einer Unternehmensgruppe muss aktiv auf die Einrichtung eines Europäischen Betriebsrates oder die Einführung eines vergleichbaren Verfahrens für Information und Konsultation hinwirken.

Hat ein Unternehmen oder das herrschende Unternehmen in einer Unternehmensgruppe seinen Sitz in Schweden, ist dieses Unternehmen den Pflichten des schwedischen Gesetzes über die Einrichtung eines Europäischen Betriebsrates unterworfen. Hat weder das Unternehmen noch das herrschende Unternehmen in der Unternehmensgruppe einen Sitz innerhalb des Europäischen Wirtschaftsraums und gibt es eine schwedische Filiale, kann diese unter bestimmten Voraussetzungen den Verpflichtungen des Gesetzes unterworfen sein und muss einen Europäischen Betriebsrat gründen.

Eine Verhandlungsdelegation der Arbeitnehmerseite soll mit dem Unternehmen über die Einrichtung eines Europäischen Betriebsrates oder ein vergleichbares Verfahren für Information und Kooperation verhandeln. Ist der Europäische Betriebsrat gebildet, wird die Verhandlungsdelegation aufgelöst. Kommt es zu keiner Einigung, enthält das Gesetz Regelungen, wie ein Europäischer Betriebsrat einzurichten ist.

Die Kosten des Europäischen Betriebsrates werden vom Unternehmen getragen, solange sie sich in angemessenem Umfang halten.

---

[46] Richtlinie 94/45/EG des Rates vom 22. September 1994 über die Einsetzung eines Europäischen Betriebsrates oder die Schaffung eines Verfahrens zur Unterrichtung und Anhörung der Arbeitnehmer in gemeinschaftsweit operierenden Unternehmen und Unternehmensgruppen.

[47] Gesetz über einen Europäischen Betriebsrat (*lag om (2011:427) europeiska företagsråd*).

[48] Der Europäische Wirtschaftsraum besteht aus den Mitgliedsländern der Europäischen Union sowie Island, Liechtenstein und Norwegen.

11.3 Tarifverträge

Ein Tarifvertrag regelt das Verhältnis zwischen einem Arbeitgeber oder einem Arbeitgeberverband auf der einen und einer Gewerkschaft auf der anderen Seite. Tarifverträge gibt es in Schweden auf verschiedenen Ebenen, die den schon oben beschriebenen Ebenen der Arbeitgeber- und Arbeitnehmerorganisationen entsprechen.

Die Haupttarifverträge (*nationella branschöverskridande avtal* oder auch *huvudavtal*) werden zwischen den Arbeitgeberdachverbänden (für die privaten Arbeitgeber: *Svenskt Näringsliv*) und den Dachverbänden der Gewerkschaften (*LO, SACO* und *TCO*) abgeschlossen. Sie enthalten zum Beispiel Regelungen zum Rechtsverhältnis der Organisationen untereinander und Verhandlungsordnungen.

Auch der sog. *industriavtal* von 2011 (*Samarbetsavtal om industriell utveckling och lönebildning*) zwischen großen Teilen der Industriearbeitgeber und Gewerkschaften gehört zu dieser Kategorie.[49] Der übergreifende Zweck dieses Vertrages ist es, die Konkurrenzkraft der Industrie zu stärken und gute Bedingungen für die Arbeitnehmer zu schaffen.

Auf der zweiten, der zentralen Verbandsebene gibt es die Verbandstarifverträge zwischen den Arbeitgeberorganisationen und Gewerkschaften (*bransch-, förbunds-* oder *riksavtal*). In Schweden gibt es ca. 650 solcher Verbandstarifverträge. In diesen Tarifverträgen werden die auf Dachverbandsebene verhandelten Tarifvertragsbestimmungen oder auch dispositives Gesetzesrecht an die Besonderheiten der jeweiligen Branche angepasst. Im Einzelnen enthalten die Verbandstarifverträge Bestimmungen zu Lohn, Arbeitszeit, Urlaub, Kündigungsfristen etc. In den letzten Jahren haben diese Verträge mehr und mehr die Form von Rahmenverträgen angenommen, die einen gewissen Spielraum für Anpassungen und Änderungen auf lokaler Ebene zwischen dem einzelnen Arbeitgeber und den Gewerkschaften einräumen.

Zum Beispiel sind die Tarifverträge *Teknikavtalen* zwischen *IF-Metall* und *Unionen, Sveriges Ingenjörer* sowie *Ledarna* als Gewerkschaften auf der einen und *Teknikföretagen* als Arbeitgeberorganisation auf der anderen Seite solche *branschavtal.*

Auf der dritten Ebene befinden sich die betrieblichen bzw. unternehmensbezogenen Tarifverträge (*lokal* oder *företagsavtal*) zwischen den Arbeitgebern als Mitglieder im Arbeitgeberverband und den Gewerkschaften auf betrieblicher Ebene. Geregelt wird die Frage, wie der Verbandstarifvertrag auf das betroffene Unternehmen angewandt werden kann. Aber auch andere Fragen, wie die Gewinnbeteiligung der Arbeitnehmer, mögliche Optionen am Unternehmen u. ä. können im Rahmen eines betrieblichen Tarifvertrags geregelt werden.

Häufig werden diese lokalen Tarifverträge abgeschlossen, wenn der Arbeitgeber nicht Mitglied eines Arbeitgeberverbands ist, eine Tarifvertragsbindung aber trotzdem erreicht werden soll. Dies kann zum Beispiel der Fall bei ausländischen Arbeitgebern sein, die

[49] Dieser Vertrag findet sich unter: http://www.industriarbetsgivarna.se/MediaBinaryLoader.axd?MediaArchive_FileID=7ed3\protect\kern+.1667em\relaxf8f8-db56-452d-8cee-21b60fd5fd3b&FileName=Industriavtalet.pdf.

nur vorübergehend in Schweden tätig sind und sich freiwillig oder auf Veranlassung der entsprechenden Gewerkschaft im Rahmen ihrer Tätigkeiten den Regelungen eines Tarifvertrags unterwerfen wollen. Bei diesen Haustarifverträgen werden einzelne Regelungen für das lokale Verhältnis zwischen Arbeitgeber und Gewerkschaft festgelegt sowie im Übrigen auf die Regelungen im zentralen Tarifvertrag verwiesen (*hängavtal*).

Auf Arbeitnehmerseite muss eine Gewerkschaft Partei eines Tarifvertrags sein. Eine Gruppe von Arbeitnehmern, die keine Gewerkschaft bilden, kann sich also nicht zusammentun und einen Tarifvertrag im Sinne des Betrieblichen Mitbestimmungsgesetzes (*medbestämmandelagen – MBL*[50]) mit der Arbeitgeberseite abschließen. Eine Gewerkschaft kann durch eine lokale, regionale oder zentrale Gewerkschaftsvereinigung als Tarifvertragspartei auftreten.

Auf Arbeitgeberseite kann ein Arbeitgeberverband – auch als Dachverband – oder ein einzelner Arbeitgeber Partei eines Tarifvertrags sein.

Auf dem schwedischen Arbeitsmarkt gibt es 60 Gewerkschaften und 55 Arbeitgeberverbände. Zusammen vereinbarten diese Parteien bislang mehr als 685 Tarifverträge.[51]

In den letzten Jahren wurden aufgrund der unsicheren wirtschaftlichen Situation und der damit einhergehenden unsicheren Lohnentwicklung viele Tarifverträge anstelle einer Laufzeit von drei Jahren nur für die Dauer eines Jahres mit einer Laufzeit bis Ende März des jeweiligen Jahres abgeschlossen. Die aktuellen Tarifverträge wurden hingegen wieder mit einer dreijährigen Laufzeit von 2013 bis 2016 abgeschlossen.

Der schon oben angesprochene *industriavtal* von 2011 zwischen den Arbeitgeberverbänden der Industrie und den Gewerkschaften gibt einen Zeitplan für die Verhandlungen von neuen Tarifverträgen vor. Die Tarifvertragsparteien können sich zur Vorbereitung der Tarifvertragsverhandlungen schon vor Weihnachten treffen und ihre Forderungen der Gegenseite vorlegen. Die Verhandlungen für einen neuen Tarifvertrag sollten spätestens drei Monate vor dem Auslaufen des geltenden Tarifvertrages beginnen. Falls einen Monat vor dem Auslaufen des Tarifvertrages noch keine Einigung erfolgt ist, werden nach Maßgabe des *industriavtal* sog. unparteiische Vorsitzende (*opartiska ordföranden – OpO*) als Mittler eingesetzt, welche die Verhandlungen leiten und geplante Kampfmaßnahmen für höchstens 14 Tage aufschieben können. Die Ergebnisse in den Tarifverhandlungen in der Industrie sind richtungsweisend (*sätta märket*) für die Ergebnisse in den anderen Tarifverhandlungen. Viele Tarifverträge orientieren sich an diesen Ergebnissen. Deshalb warten viele Tarifvertragsparteien das Ergebnis der Verhandlungen in der Industrie ab, bevor sie sich über einen neuen Tarifvertrag einigen.

Die Möglichkeit von Arbeitnehmer und Arbeitgeber, das individuelle Arbeitsverhältnis vertraglich zu regeln, wird durch zwingende gesetzliche Regelungen oder durch den bzw. die Tarifverträge begrenzt. Das Kündigungsschutzgesetz (*lag om anställningsskydd –*

---

[50] *Lag (1976:580) om medbestämmande i arbetslivet.*

[51] Siehe hierzu der Jahresbericht für 2014 des Schwedischen Schlichtungsinstitutes: „*Avtalsrörelsen och lönebildningen 2014*", http://www.mi.se/files/PDF-er/att_bestalla/arsrapporter/AR14_20150219.pdf, S. 21.

LAS) enthält eine Reihe von zwingenden Regelungen, von denen weder durch Tarifvertrag noch durch Individualvertrag abgewichen werden darf. Von den im Kündigungsschutzgesetz ausdrücklich genannten semidispositiven Regelungen darf nur durch Tarifvertrag abgewichen werden. In der Regel muss es sich hierbei um zentrale Tarifverträge handeln, in einigen Fällen sind auch Abweichungen durch lokale Tarifverträge zugelassen. Regelungen im Arbeitsvertrag, die für den Arbeitnehmer negativ vom Mindestschutz des Kündigungsschutzgesetzes abweichen, sind unwirksam. Auch das Urlaubsgesetz (*semesterlagen*) und das Arbeitszeitgesetz (*arbetstidslagen*) können zum Beispiel vollständig oder zumindest in großen Teilen durch zentrale Tarifverträge ersetzt werden.

Unterfällt ein Arbeitsverhältnis einem Tarifvertrag, darf der Arbeitsvertrag nicht gegen die Regelungen des Tarifvertrages verstoßen. Individuelle Anstellungsbedingungen, die gegen die Regelungen eines Tarifvertrags verstoßen, sind ungültig. In Schweden spricht man insofern von der zwingenden Wirkung eines Tarifvertrags (*kollektivavtalets tvingande verkan*).[52] Ein Tarifvertrag kann jedoch Abweichungen von seinen materiellen Regelungen durch individuelle Vereinbarungen zulassen. Wenn der Tarifvertrag zum Beispiel einen Mindestmonatslohn angibt, so kann durch eine Individualvereinbarung ein höherer Lohn abgesprochen werden. Die Tarifvertragsparteien entscheiden insofern bereits bei Abschluss des Tarifvertrags, ob eine bestimmte Regel des Tarifvertrags zwingend oder dispositiv sein soll.

Die Frage, ob ein individueller Arbeitsvertrag gegen die Vorschriften des anzuwendenden Tarifvertrags verstößt, wird im Einzelfall durch Auslegung des Tarifvertrags zu beantworten sein. Ein eindeutiger Verstoß liegt jedoch bei einem Unterschreiten des tarifvertraglichen Mindestlohns oder einer abweichenden Methode zur Lohnberechnung vor. Eine unzulässige Abweichung vom Tarifvertrag durch individuelle Vereinbarung führt allerdings nicht zur Beendigung des Arbeitsverhältnisses, sondern zur Geltung der jeweiligen tarifvertraglichen Vorschriften anstelle der unzulässigen individuellen Bedingung.

Ein Arbeitgeber, der Mitglied eines Arbeitgeberverbandes ist, unterfällt in der Regel der Tarifvertragsbindung seines Verbandes. Eine Tarifvertragsbindung ergibt sich weiterhin für den Arbeitgeber, der einen Firmentarifvertrag auf lokaler Ebene abgeschlossen hat. Auch ein Arbeitnehmer, der Mitglied einer Gewerkschaft ist, die wiederum einen Tarifvertrag abgeschlossen hat, ist an die Vorschriften dieses Tarifvertrags gebunden.[53]

Wie verhält es sich nun aber mit den Arbeitnehmern, die entweder Mitglied einer Gewerkschaft sind, die keinen Tarifvertrag mit dem Arbeitgeber abgeschlossen hat, oder mit solchen Arbeitnehmern, die keiner Gewerkschaft angehören (*utanförstående arbetstagare*)?

Ein Arbeitgeber, der einem Tarifvertrag unterliegt, muss diesen auch auf seine Arbeitnehmer anwenden, die einer anderen oder keiner Gewerkschaft angehören. Andernfalls

---

[52] Betriebliches Mitbestimmungsgesetz (*lag (1976:580) om medbestämmande i arbetslivet – MBL*) § 27.

[53] Betriebliches Mitbestimmungsgesetz (*lag (1976:580) om medbestämmande i arbetslivet – MBL*) § 26.

kann er sich gegenüber der Gewerkschaft, mit der er den Tarifvertrag abgeschlossen hat, schadensersatzpflichtig machen.[54]

Der Arbeitnehmer, der einer anderen oder keiner Gewerkschaft angehört, kann hingegen nur dann gegenüber seinem Arbeitgeber die Vorschriften des Tarifvertrags für sich in Anspruch nehmen, wenn es sich um allgemeine Anstellungsbedingungen handelt und individualvertraglich nichts anderes zwischen den beiden Parteien vereinbart wurde. In Schweden wird dies als die ausfüllende Wirkung von Tarifverträgen (*kollektivavtalets utfyllande verkan*) bezeichnet.

Auch wenn etwa 90 Prozent aller Arbeitsverhältnisse unter die Geltung von Tarifverträgen fallen, gibt es immer noch eine Reihe von Arbeitgebern, die weder Mitglied eines Arbeitgeberverbandes sind noch einen Haustarifvertrag abgeschlossen haben. Dies kann zum Beispiel bei schwedischen Tochtergesellschaften ausländischer Konzerne oder Unternehmen, die nur kürzere Zeit in Schweden tätig sind, der Fall sein. In der Praxis stellt sich daher die Frage, ob auch diese Arbeitgeber an die tarifvertraglichen Regelungen gebunden sind.

Schweden kennt im Gegensatz zu Deutschland das Institut der Allgemeinverbindlichkeit nicht. Eine Tarifvertragsbindung durch Allgemeinverbindlichkeit kommt daher nicht in Frage. Wird allerdings im Arbeitsvertrag auf die Geltung eines Tarifvertrags verwiesen, gelten die tarifvertraglichen Regelungen für dieses Arbeitsverhältnis. Fehlen im Arbeitsvertrag ausdrückliche Regelungen hinsichtlich bestimmter Anstellungsbedingungen, so hat die Rechtsprechung für diese Fälle ausfüllende Regelungen entwickelt und eine tarifvertragliche Übung auch für diese Fälle anerkannt. Dies kann zum Beispiel bei der Bezahlung von Überstunden oder der Frage nach dem angemessenen Lohn der Fall sein.

Ein Konkurrenzverhältnis zwischen zwei Tarifverträgen liegt dann vor, wenn ein Arbeitgeber mehrere Tarifverträge abgeschlossen hat, die jeweils den alleinigen Anspruch haben, auf die gleiche Arbeit angewandt zu werden. In einem solchen Fall hat der zeitlich zuerst geschlossene Tarifvertrag hinsichtlich der im Tarifvertrag geregelten Anstellungsbedingungen Vorrang. Hinsichtlich der Tarifvertragsbestimmungen jedoch, die nicht direkt das Verhältnis zwischen Arbeitgeber und dem einzelnen Arbeitnehmer betreffen, ist der Arbeitgeber nur dann von der Erfüllung seiner Verpflichtungen aus dem anderen Tarifvertrag entbunden, wenn er dem einen Tarifvertrag nur folgen kann, wenn er dadurch gegen den anderen Tarifvertrag verstößt, die Erfüllung beider Tarifverträge also miteinander unvereinbar ist.

Tarifverträge unterliegen dem Schriftformerfordernis. Wird diesem nicht nachgekommen, entfaltet der Tarifvertrag keine Wirkung.[55] Das Schriftformerfordernis wird allerdings erfüllt, wenn der Inhalt des Vertrages Bestandteil eines von den Parteien unterzeichneten Verhandlungsprotokolls wird.

[54] Betriebliches Mitbestimmungsgesetz (*lag (1976:580) om medbestämmande i arbetslivet – MBL*) §§ 54, 55.

[55] Betriebliches Mitbestimmungsgesetz (*lag (1976:580) om medbestämmande i arbetslivet – MBL*) §§ 23, 25.

Tarifverträge können unbefristet oder für eine bestimmte Zeit abgeschlossen werden. Unbefristete Tarifverträge können, sofern vertraglich nichts anderes geregelt ist, unter Beachtung einer angemessenen Frist gekündigt werden.[56] Diese muss schriftlich erfolgen.[57] Eine Kündigung von Teilen eines Tarifvertrags ist nur möglich, wenn die Gegenseite dem zustimmt. Die Geltung von Tarifverträgen, die für eine begrenzte Frist geschlossen wurden, endet automatisch mit Ablauf dieser Frist.

Die Laufzeit der Verbandstarifverträge (*förbundsavtal*) ist auf ein, zwei oder höchstens drei Jahre begrenzt. In der Regel finden sich in den Tarifverträgen Regelungen, dass sich die Laufzeit automatisch um ein Jahr oder unbefristet verlängert, wenn der Vertrag nicht am Ende der Laufzeit gekündigt wird. Unter bestimmten Voraussetzungen können Tarifverträge auch nach dem Ende ihrer Laufzeit Nachwirkungen (*efterverkan*) entfalten und die Parteien des Tarifvertrags hinsichtlich bestimmter Regelungen weiterhin an diesen binden.

11.4 Arbeitskampfrecht

Während der Laufzeit eines Tarifvertrags besteht Friedenspflicht hinsichtlich des Bestands und der Regelungen des Tarifvertrags.[58] Wenn die Laufzeit eines Tarifvertrags beendet ist, endet auch die Friedenspflicht. Gewerkschaften und Arbeitgeber können dann ihre Meinungsverschiedenheiten durch Arbeitskampfmaßnahmen lösen.

Eine Arbeitskampfmaßnahme ist jede kollektive Maßnahme, welche die Gegenseite beeinflussen kann. Das Betriebliche Mitbestimmungsgesetz (*medbestämmandelagen – MBL*[59]) spricht diesbezüglich grundsätzlich nur von Arbeitskampfmaßnahmen (*stridsåtgärder*) und meint damit die Kampfmaßnahmen von Gewerkschafts- und von Arbeitgeberseite.

Die wichtigsten Arbeitskampfmaßnahmen von Arbeitnehmerseite sind der Streik, die Blockade und der Boykott.

Mit einer Blockade werden zum Beispiel An- und Ablieferungen verhindert, wie beispielsweise die Lieferung von Lebensmitteln an ein Café oder die Leerung der Mülltonnen. Bei einem Boykott hingegen versuchen die Gewerkschaften ihre Mitglieder und Dritte davon zu überzeugen, keine Waren oder Dienstleistungen des boykottierten Arbeitgebers zu kaufen oder zu nutzen. Legen die Arbeitnehmer im Rahmen eines Streiks ihre Arbeit nieder, haben sie für die Zeit der Arbeitsniederlegung keinen Lohnanspruch. Der Arbeitgeber darf den Lohn für bereits geleistete Arbeit jedoch nicht einbehalten, sondern

[56] Das Arbeitsgericht (*Arbetsdomstolen*) hat drei Monate als angemessen erachtet, siehe AD 1978 Nr. 8.

[57] Betriebliches Mitbestimmungsgesetz (*lag (1976:580) om medbestämmande i arbetslivet – MBL*) § 30.

[58] Betriebliches Mitbestimmungsgesetz (*lag (1976:580) om medbestämmande i arbetslivet – MBL*) § 41.

[59] *Lag (1976:580) om medbestämmande i arbetslivet.*

muss diesen am Fälligkeitstag zahlen – unabhängig davon, ob es sich bei dem Streik um eine zulässige oder unzulässige Arbeitsniederlegung handelt. Eine Gewaltanwendung oder die Nutzung anderer unzulässiger Mittel ist im Rahmen von Arbeitskampfmaßnahmen nicht erlaubt.

Im Jahr 2014 gab es in Schweden vier Streiks mit 1747 Arbeitnehmern an insgesamt 3300 Arbeitstagen. Im Jahr 2013 wurde achtmal gestreikt. Beteiligt waren 2386 Arbeitnehmer an insgesamt 7034 Arbeitstagen. Im Jahr 2012 wurden in Schweden sieben Streiks mit 6158 Arbeitnehmern an insgesamt 37.072 Tagen durchgeführt. Rechtswidrige Streiks kamen in den genannten Jahren einmal vor.[60]

Die Arbeitskampfmaßnahme der Arbeitgeberseite ist die Aussperrung. Diese fand im Zeitraum 2012–2014 insgesamt fünfmal statt. Hierbei handelte es sich um 2012 um 900 Arbeitnehmer und 2700 Tage, im Jahr 2103 um 200 Arbeitnehmer und 900 Tage und im Jahr 2014 um 433 Arbeitnehmer und 2723 Tage.[61]

Das Recht auf Arbeitskampfmaßnahmen ist in einer der vier schwedischen Grundgesetze (*Regeringsformen Kap. 2 § 14*) verankert. Danach haben Gewerkschaften, Arbeitgeber und Arbeitgeberverbände das Recht auf Arbeitskampfmaßnahmen, soweit sich nicht aus Gesetz oder Vertrag etwas anderes ergibt. Gewerkschaftlich nicht organisierte Arbeitnehmer haben also in Schweden kein Streikrecht. Dieses steht auf Arbeitnehmerseite ausschließlich den Gewerkschaften zu.

Eine Arbeitskampfmaßnahme ist nur dann zulässig, wenn sie im Einklang mit den Ordnungsvorschriften der Gewerkschaften oder Arbeitgeberverbänden zu diesen Fragen erfolgt ist.[62] Vor allem sind wilde Streiks, d. h. Arbeitskampfmaßnahmen von Arbeitnehmern, die zwar Gewerkschaftsmitglieder sind, deren Gewerkschaft als Organisation aber keinen Entschluss zum Arbeitskampf getroffen hat, unzulässig.

Ein Beispiel aus der Praxis soll das schwedische Arbeitskampfrecht verdeutlichen: Im sog. Laval-Fall[63] – auch Vaxholm-Fall genannt – weigerte sich das lettische Bauunternehmen Laval mit dem Hinweis auf zwei bereits im Heimatland existierende Tarifverträge, einen Tarifvertrag mit der schwedischen Baugewerkschaft über Mindestlöhne für eine Baustelle in Vaxholm abzuschließen. Die Baugewerkschaft verhängte in der Folge eine Blockade gegen Laval, der sich eine Vielzahl von Gewerkschaften mit Sympathiemaßnahmen anschloss.

Das schwedische Arbeitsgericht (*Arbetsdomstolen*) verwies die Frage, ob das schwedische Recht, auf dessen Grundlage die Blockaden erfolgten, mit dem europäischen Recht

[60] Diese und weitere Statistiken zu Arbeitskampfmaßnahmen in den Jahren 2002–2012 finden sich auf der Website des Schlichtungsinstitutes unter: http://www.mi.se/files/PDF-er/Om%20konflikter/konfliktdata14.pdf.

[61] Diese und weitere Statistiken zu Arbeitskampfmaßnahmen in den Jahren 1965–2014 finden sich auf der Webseite des Schlichtungsinstitutes unter: http://www.mi.se/files/PDF-er/Om%20konflikter/konfliktdata14.pdf.

[62] Betriebliches Mitbestimmungsgesetz (*lag (1976:580) om medbestämmande i arbetslivet – MBL*) § 41.

[63] C-341/05. Laval REG 2007 I-11767.

vereinbar war, an den EuGH. Dieser entschied, dass die schwedischen Regelungen ausländische Dienstleistungsunternehmen unangemessen benachteiligten, da sie diese Unternehmen genauso behandelten, wie inländische Unternehmen, die keinen Tarifvertrag unterzeichnet hatten. Die Entscheidung des EuGH führte zu Änderungen des schwedischen Entsendegesetzes (*utstationeringslagen*) und des Betrieblichen Mitbestimmungsgesetzes (*medbestämmandelagen – MBL*[64]).[65]

Nach dem neuen § 5 a des Entsendegesetzes darf eine Gewerkschaft, um den Abschluss eines Tarifvertrags zu erreichen, nur unter sehr engen Voraussetzungen Arbeitskampfmaßnahmen gegen entsendende Arbeitgeber einsetzen. Vor allem aber sind Arbeitskampfmaßnahmen nicht erlaubt, wenn der entsendende Arbeitgeber nachweisen kann, dass seine Arbeitnehmer bereits Anstellungsbedingungen haben, die mindestens so vorteilhaft sind, wie die Bedingungen eines schwedischen Verbandstarifvertrags in der entsprechenden Branche.

Der EuGH hat im genannten Laval-Fall also festgehalten, dass innerhalb der Europäischen Union das Recht auf Arbeitskampfmaßnahmen ein grundlegendes Recht ist, aber dass eine Abwägung mit den anderen Grundfreiheiten des EG-Vertrages[66] stattfinden muss. Das Recht auf Arbeitskampfmaßnahmen kann deshalb von der im EG-Vertrag verankerten Niederlassungs- und Dienstleistungsfreiheit eingeschränkt werden.

Mit dem Abschluss eines Tarifvertrags tritt die Friedenspflicht ein und Arbeitskampfmaßnahmen zur Änderung des Tarifvertrags sind nicht mehr zulässig.[67]

Eine wichtige Ausnahme von der Friedenspflicht ist jedoch das Recht auf Sympathiemaßnahmen. Eine oder mehrere Gewerkschaften können eine andere Gewerkschaft zum Beispiel durch eine Blockade in deren zulässigen Arbeitskampfmaßnahmen gegen den Arbeitgeber unterstützen, auch wenn diese Gewerkschaften selbst durch einen Tarifvertrag an den Arbeitgeber gebunden sind. Die Sympathiemaßnahme muss nicht in angemessenem Verhältnis zum Konflikt stehen, ein Verhältnismäßigkeitsgrundsatz besteht hier nicht. Jeder noch so kleine Konflikt könnte daher zu einem landesweiten Kräftemessen ausgeweitet werden.

Eine weitere Ausnahme der Friedenspflicht ist die sog. Eintreibungsblockade (*indrivningsblockad*). Kommt ein Arbeitgeber mit der Lohnzahlung in Verzug, kann die Gewerkschaft eine Blockade gegen den Arbeitgeber verhängen, um die Lohnzahlung zu erzwingen. Für diese Blockademaßnahmen gilt die unten beschriebene einwöchige Ankündigungsfrist nicht.

---

[64] *Lag (1976:580) om medbestämmande i arbetslivet.*

[65] Ausführlich zum Fall: Philip Ismar, *Arbeitnehmerentsendung nach Schweden – eine europarechtliche Einschätzung aus deutscher Perspektive.*

[66] Der Begriff EG-Vertrag wird hier genutzt, auch wenn die korrekte Bezeichnung seit dem 30. November 2009 „Vertrag über die Arbeitsweise der Europäischen Union" lautet.

[67] Betriebliches Mitbestimmungsgesetz (*lag (1976:580) om medbestämmande i arbetslivet – MBL*) § 41.

Arbeitskampfmaßnahmen gegen Unternehmen, die keine Mitarbeiter haben, oder gegen reine Familienunternehmen, bei denen ausschließlich die Familienmitglieder Eigentümer und Arbeitnehmer sind, dürfen nicht durchgeführt werden.[68]

Bevor die Arbeitnehmer- oder die Arbeitgeberseite Arbeitskampfmaßnahmen ergreift oder ausweitet, muss sie die Gegenseite und das Schwedische Schlichtungsinstitut (*Medlingsinstitut*)[69] mindestens sieben Tage vor der geplanten Maßnahme über diese unterrichten (*varselskyldighet*). Ein Verstoß gegen diese Ankündigungspflicht gegenüber dem Schlichtungsinstitut führt zu einer sog. Ankündigungsabgabe (*varselavgift*) an den Staat von mindestens 3150 und höchstens 10.500 EUR.[70] Im Verhältnis zur anderen Partei kann der Verstoß gegen die Ankündigungspflicht zu Schadensersatzpflichten führen.[71]

Das Schwedische Schlichtungsinstitut hat die Aufgabe, zwischen den Parteien des Arbeitsmarktes zu vermitteln und zu einer funktionierenden Lohnbildung beizutragen. Das Institut führt außerdem die offiziellen Lohnstatistiken.

Das Schlichtungsinstitut ernennt im Einvernehmen mit den Parteien einen oder mehrere Schlichter (*medlare*). Können sich die Parteien nicht auf einen Schlichter einigen, kann das Schlichtungsinstitut nur dann eine sog. Zwangsschlichtung (*tvångsmedling*) anordnen und ohne die Zustimmung der Parteien Schlichter ernennen, wenn Arbeitskampfmaßnahmen zu befürchten sind oder bereits begonnen haben.[72] Die Regelungen zur Zwangsschlichtung gelten nicht, wenn die Parteien einem sog. Verhandlungstarifvertrag unterliegen und dieser beim Schlichtungsinstitut registriert ist. In einem solchen Verhandlungstarifvertrag müssen für diesen Fall eigene Schlichtungsmechanismen geregelt sein.

Die Aufgabe der Schlichter ist zum einen, den Parteien zu einer von beiden Seiten tragbaren Lösung zu verhelfen, damit Arbeitskampfmaßnahmen vermieden werden können. Zum anderen sollen die Schlichter die Parteien dazu bewegen, beim Abschluss von Tarifverträgen gesamtwirtschaftliche und gesellschaftliche Aspekte zu berücksichtigen.

Haben sich die Parteien auf die Durchführung einer Schlichtung geeinigt und wird das Schlichtungsinstitut aktiv, sind die Parteien verpflichtet, vor einem Schlichter zu verhandeln. Weigert sich eine Partei, an den Verhandlungen teilzunehmen, kann das Schlichtungsinstitut dieser Partei ein Bußgeld auferlegen.

Das Schlichtungsinstitut hat bei einem Schlichtungsauftrag die Möglichkeit, angekündigte Arbeitskampfmaßnahmen für eine zusammenhängende Frist von vierzehn Tagen

---

[68] Betriebliches Mitbestimmungsgesetz (*lag (1976:580) om medbestämmande i arbetslivet – MBL*) § 41b.

[69] Die Regelungen im Zusammenhang mit den Aufgaben des Schlichtungsinstituts finden sich im Betrieblichen Mitbestimmungsgesetz sowie in der *förordning (1976:826) om medling i arbetstvister* und in der *förordning (2000:258) med instruktion för Medlingsinstitutet.* Weitere Informationen finden sich in der deutschen Sprache unter: http://www.mi.se/other-languages/auf-deutsch/.

[70] Betriebliches Mitbestimmungsgesetz (*lag (1976:580) om medbestämmande i arbetslivet – MBL*) § 62a.

[71] Betriebliches Mitbestimmungsgesetz (*lag (1976:580) om medbestämmande i arbetslivet – MBL*) § 45, i. V. m. § 54.

[72] Betriebliches Mitbestimmungsgesetz (*lag (1976:580) om medbestämmande i arbetslivet – MBL*) § 47b.

einmal aufzuschieben. Ein Verstoß gegen diesen Aufschub wird mit einer erhöhten Ankündigungsabgabe (*förhöjd varselavgift*) an den Staat in Höhe von 31.500–105.000 EUR sanktioniert.[73]

Literatur

Zitierte Literatur

Holke, Dan; Olauson, Erland, Medbestämmandelagen – med kommentar, 5. Auflage, Stockholm 2012

Ismar, Philip, Arbeitnehmerentsendung nach Schweden – eine europarechtliche Einschätzung aus deutscher Perspektive, Von der lex Britannia zum Vaxholmkonflikt, Hamburg 2007

Jahresbericht für 2014 des Schwedischen Schlichtungsinstitutes: „Avtalsrörelsen och lönebildningen 2014", http://www.mi.se/files/PDF-er/att_bestalla/arsrapporter/AR14_20150219.pdf

Empfohlene Literatur

Göransson, Håkan Gabinus, Förtroendeman – en praktisk kommentar till förtroendemannalagen, 3. Auflage, Stockholm 2014

Källström, Kent; Malmström, Jonas, Anställningsförhållandet, 3. Auflage, Uppsala 2013

Sleik, Max, Arbeitnehmerbeteiligung in Deutschland und Schweden, Studien zum Arbeitsrecht und zur Arbeitsrechtsvergleichung, Frankfurt am Main 2011

[73] Betriebliches Mitbestimmungsgesetz (*lag (1976:580) om medbestämmande i arbetslivet – MBL*) § 62a.

Arbeitssicherheit und Gesundheitspflege am Arbeitsplatz

12

12.1 Pflichten des Arbeitgebers

Für Fragen zur Arbeitssicherheit und der Arbeitsumwelt ist das Schwedische Zentralamt für Arbeitsumwelt (*Arbetsmiljöverk*) zuständig. Zugleich regelt das Arbeitsumweltgesetz (*arbetsmiljölag*)[1] die Pflichten des Arbeitgebers, Unfällen und arbeitsbedingten Krankheiten vorzubeugen.

Die Pflichten des Arbeitgebers im Rahmen der Arbeitssicherheit und der Arbeitsumwelt liegen darin, den Vorschriften des Schwedischen Zentralamtes für Arbeitsumwelt Folge zu leisten sowie in eigener Verantwortung vorbeugend aktiv zu werden. Weiterhin müssen Maßnahmen ergriffen werden, um Unfälle und arbeitsbedingte Schäden oder Krankheiten zu vermeiden.

Das Schwedische Zentralamt für Arbeitsumwelt erlässt für einzelne Branchen eine Reihe von Verordnungen, deren Befolgung dem Arbeitgeber obliegt.[2]

12.2 Pflichten des Arbeitnehmers

Der Arbeitnehmer ist verpflichtet, die Sicherheitsvorschriften am Arbeitsplatz zu befolgen und die Sicherheitsausrüstung, die gegebenenfalls vorhanden ist, zu nutzen. Tut er das nicht, verstößt er gegen seine Pflichten aus dem Arbeitsvertrag. Der Arbeitgeber wiederum muss den Arbeitnehmer auf dieses Fehlverhalten hinweisen. Nimmt er das Fehlverhalten des Arbeitnehmers hin, kann dies Sanktionen aus dem Arbeitsumweltgesetz nach sich ziehen.

[1] Arbeitsumweltgesetz (*arbetsmiljölag* (*1977:1160*)).

[2] Für Bau- und Anlagearbeiten hat das Schwedische Zentralamt für Arbeitsumwelt zum Beispiel eine deutschsprachige Broschüre herausgegeben, die unter http://www.av.se/dokument/inenglish/otherlanguages/Bygg_Tysk_06.pdf abzurufen ist. Hier wird deutlich, in welchem Umfang die Behörde tätig wird und Verordnungen erlässt.

Deutsch-Schwedische Handelskammer (Hrsg.), *Arbeitsrecht in Schweden*,
DOI 10.1007/978-3-658-10205-0_12

12.3 Kontrolle der Arbeitssicherheit

Beschäftigt ein Arbeitgeber mehr als fünf Arbeitnehmer, ernennt die lokale Gewerkschaftsvereinigung im Unternehmen einen oder mehrere Sicherheitsbeauftragte (*skyddsombud*) aus den Reihen der Mitarbeiter. Gibt es keine solche Gewerkschaftsvereinigung, wird der Sicherheitsbeauftragte von den Mitarbeitern direkt ernannt.[3] Bei Betrieben mit mehr als 50 Mitarbeitern muss eine Sicherheitsgruppe (*skyddskommitté*) gebildet werden, die aus Vertretern von Arbeitgeber- und Arbeitnehmerseite besteht.[4] Es empfiehlt sich, auf Arbeitgeberseite ein Mitglied der Unternehmensleitung zu benennen. Auf Arbeitnehmerseite setzt sich die Sicherheitsgruppe aus Gewerkschaftsvertretern und dem Sicherheitsbeauftragten des Betriebes zusammen.

Der Sicherheitsbeauftragte bzw. die Sicherheitsgruppe des Betriebes vertritt die Arbeitnehmer in Arbeitssicherheits- und Gesundheitsschutzfragen am Arbeitsplatz und soll auf eine zufriedenstellende Arbeitsumwelt am Arbeitsplatz hinwirken. Er muss zum Beispiel bei der Änderung von Arbeitsprozessen oder Arbeitsmethoden, der Änderung der Organisation oder der Räumlichkeiten hinzugezogen werden. Der Arbeitgeber muss den Sicherheitsbeauftragten über geplante Veränderungen, die für den Bereich der Arbeitsumwelt von Bedeutung sind, informieren.

Eine Nichtbefolgung der Vorschriften des Schwedischen Zentralamts für Arbeitsumwelt kann eine Straftat darstellen. Einige Vorschriften führen nur bei einem Schadenseintritt zu einer strafrechtlichen Verantwortung, andere Vorschriften wiederum führen schon bei dem Verstoß gegen die Vorschriften an sich zu einer strafrechtlichen Verantwortung.[5]

Weitere Sanktionen, die das Schwedische Zentralamt für Arbeitsumwelt verhängen kann, sind Auflagen, Verbote, Bußgelder oder Geldstrafe.

Literatur

Andersson, Peter, Vidta alla åtgärder som behövs – En rättsvetenskaplig studie av arbetsgivarens ansvar att förebygga stressrelaterad ohälsa och uppnå en god psykosocial arbetsmiljö, Göteborg 2013

Westergren Annika, Englund, Thomas, God arbetsmiljö, Göteborg 2006

[3] Arbeitsumweltgesetz (*arbetsmiljölag (1977:1160)*) Kap. 6 § 2.
[4] Arbeitsumweltgesetz (*arbetsmiljölag (1977:1160)*) Kap. 6 § 8.
[5] Siehe hierzu Arbeitsumweltgesetz (*arbetsmiljölag (1977:1160)*) Kap. 8.

13 Sozialversicherungsrechtliche Aspekte

13.1 Sozialversicherung

Das schwedische Sozialversicherungssystem besteht aus mehreren Bestandteilen. Zunächst gibt es die gesetzlich vorgeschriebene Sozialversicherung. Darüber hinaus gibt es noch ergänzende Sozialversicherungen, die durch Tarifvertrag vorgegeben sind oder bei fehlender Tarifbindung privat abgeschlossen werden können. Die Kosten für die beiden genannten Systeme trägt in Schweden ausschließlich der Arbeitgeber. Darüber hinaus findet sich noch die Möglichkeit für Arbeitnehmer auf eigene Kosten, freiwillige private Versicherungen abzuschließen. Zu den privaten Versicherungen der Arbeitnehmer werden im Folgenden keine Ausführungen gemacht.

Die Pflichtbeiträge zur gesetzlichen Sozialversicherung werden in Schweden – anders als in Deutschland – ausschließlich vom Arbeitgeber getragen. Im Jahr 2015 liegen diese wie auch schon in den Jahren zuvor bei 31,42 Prozent des Bruttogehaltes.

Für ausländische Arbeitgeber ohne feste Betriebsstätte in Schweden entfällt der Anteil der allgemeinen Lohnabgabe der Sozialversicherung in Höhe von 10,15 Prozent und die gesetzliche Sozialversicherung beträgt damit lediglich 21,27 Prozent. Der Arbeitnehmer eines ausländischen Arbeitgebers ohne feste Betriebsstätte muss seine Einkommensteuer allerdings selbst beim schwedischen Finanzamt einzahlen und der Arbeitgeber muss sich als Arbeitgeber ohne feste Betriebsstätte beim schwedischen Finanzamt (*utlansskattekontor i Malmö*) registrieren.

Alternativ können der ausländische Arbeitgeber ohne feste Betriebsstätte und der Arbeitnehmer auch eine sog. Sozialabgabenvereinbarung (*socialavgiftsavtal*) treffen. Diese Vereinbarung muss dem Schwedischen Sozialversicherungsamt (*Försäkringskassan*) gemeldet werden. Der Arbeitnehmer muss sich außerdem beim Finanzamt registrieren und Sozialabgaben (*arbetsgivaravgifter*) abführen. Versäumt der Arbeitnehmer diese Pflicht, richtet das Finanzamt seine Forderungen direkt gegen den ausländischen Arbeitgeber. Zu beachten ist, dass diese Möglichkeit nur ausländischen Arbeitgebern ohne feste Betriebsstätte in Schweden offensteht. Weiterhin ist zu bedenken, dass das schwedische Finanzamt

Deutsch-Schwedische Handelskammer (Hrsg.), *Arbeitsrecht in Schweden*,
DOI 10.1007/978-3-658-10205-0_13

das Vorliegen einer festen Betriebsstätte nach dem deutsch-schwedischen Doppelbesteuerungsabkommen durch eine entsprechende Auslegung häufig bejaht.

Mitarbeiter, die 1937 oder früher geboren wurden, können sozialabgabenfrei beschäftigt werden. Für Angestellte, die in den Jahren 1938–1949 geboren wurden, muss nur die Rentenabgabe in Höhe von 10,21 Prozent abgeführt werden. Für Personen, die nach 1989 geboren sind, betragen die Sozialabgaben 15,49 Prozent. Die reduzierten Sozialabgaben für diese Altersgruppe sollen ab dem 1. August 2015 auf 25,46 Prozent angehoben werden. Ab dem 1. Juni 2016 sollen für diese Altersgruppe die regulären Sozialabgaben abgeführt werden. Es wird also in Zukunft keine reduzierten Sozialabgaben mehr für junge Arbeitnehmer geben.

13.2 Gesetzliche Rentenversicherung

In Schweden gibt es derzeit drei Gruppen von Geburtsjahrgängen, die hinsichtlich ihrer Rente unterschiedlich behandelt werden. Im Folgenden werden nur die Regelungen für die Arbeitnehmer, die nach 1954 geboren sind, dargestellt.

Die Rente[1] wird nach dem Einkommen berechnet, das seit dem 16. Lebensjahr bezogen wurde. Dabei werden sog. Rentenanwartschaftsrechte erworben. Dies gilt auch für die Zeiträume, in denen Krankengeld, Elterngeld, Arbeitslosengeld oder Kranken- und Aktivitätszuschüsse gezahlt werden. Zusätzliche Rentenanwartschaftsrechte werden auch für die Jahre, in denen Kleinkinder betreut werden, mit Hilfe von Studiengeldern studiert oder Pflichtdienste geleistet werden, erworben.

Jedes Jahr werden Rücklagen in Höhe von 18,5 Prozent des für die Rente relevanten Einkommens (*pensionsgrundande inkomst*) bis zu einer Höhe von 7,5 Bemessungsbeträgen gebildet (für das Jahr 2015 liegt der Bemessungsbeitrag bei 6116 EUR). Für Einkommen darüber hinaus werden keine Rentenanwartschaften erworben.

Ab dem 61. Lebensjahr kann ein Arbeitnehmer in den Ruhestand gehen. Je länger er jedoch gearbeitet hat, desto höher fallen die Rentenbezüge aus. Jeder Arbeitnehmer hat das Recht bis zum Alter von 67 Jahren zu arbeiten.[2]

Die Rente kann zu 100, 75, 50 oder 25 Prozent in Anspruch genommen werden. Sie setzt sich aus den zwei Komponenten der Einkommensrente und der Prämienrente zusammen. Die Einkommensrente berechnet sich aus dem größten Teil der Rentenanwartschaften, die ein Arbeitnehmer im Laufe seines Arbeitslebens erwirtschaftet. Bei Erreichen des Rentenalters werden die Rentenanwartschaften in Rentenbezüge umgerechnet.

Darüber hinaus gibt es eine sog. Garantierente für Personen, die in ihrem Leben ein sehr niedriges oder gar kein Einkommen bezogen haben. Ein Anspruch auf Zahlung einer Garantierente kann erst nach einem dreijährigen Aufenthalt in Schweden erworben werden,

[1] Die zuständige Behörde – das Rentenversicherungsamt (*Pensionsmyndigheten*) hält auf seiner Webseite Informationen zu den aktuellen Regelungen um die Rente auch in deutscher Sprache bereit: https://secure.pensionsmyndigheten.se/ValkommenTillPensionsmyndigheten_de.html.

[2] Kündigungsschutzgesetz (*lag (1982:80) om anställningsskydd – LAS*) § 32a.

wobei Zeiten in anderen europäischen Mitgliedsländern von bis zu zwei Jahren angerechnet werden können. Diese Rente wird erst ab einem Alter von 65 Jahren ausgezahlt. Der volle Garantierentenbetrag wird nur dann gezahlt, wenn der Berechtigte zwischen der Vollendung des 16. und des 64. Lebensjahres mindestens 40 Jahre in Schweden wohnhaft war.

Die Rentenbezüge sind in voller Höhe einkommenssteuerpflichtig.

Der Ehegatte[3] hat im Fall des Todes des Partners in der Regel einen Anspruch auf eine gesetzliche Umstellungsrente (*omställningspension*) von in der Regel zwölf Monaten, wenn er bzw. sie unter 65 Jahre alt ist und zum Zeitpunkt des Todes mit dem Ehegatten zusammengelebt hat. Ein Anspruch besteht weiterhin nur, wenn der hinterbliebene Ehegatte ohne Unterbrechung in den letzten fünf Jahren mit dem Ehegatten zusammengelebt hat oder mit gemeinsamen minderjährigen Kindern, für welche ein gemeinsames Sorgerecht gilt, in einem Haushalt lebt. Für Partner in einer nichtehelichen Lebensgemeinschaft (*sambo*)[4] besteht der Anspruch nur dann, wenn die Partner zusammengelebt haben und entweder früher miteinander verheiratet waren oder gemeinsame Kinder haben oder ein solches erwarten.

Die Kinder des bzw. der Verstorbenen haben bis zum Alter von achtzehn Jahren bzw. bei weiterem Schulgang bis zum Alter von 20 Jahren Anspruch auf eine gesetzliche Waisenrente.

13.3 Sozialversicherungen aufgrund von Tarifvertrag

Bei einer Tarifbindung des Arbeitgebers ist dieser verpflichtet, für seine Arbeitnehmer zusätzliche Sozialversicherungen abzuschließen – unabhängig davon, ob es sich um Angestellte (*tjänstemän*) oder Arbeiter (*arbetare*) handelt. Diese Versicherungen bestehen aus einer Rentenversicherung, einer Unfall- und Lebensversicherung, einer Hinterbliebenenversicherung und einer Abfindungsversicherung für den Fall einer betriebsbedingten Kündigung.

Ein schwedisches Unternehmen, welches Mitglied im Dachverband der Arbeitgeberorganisation *Svenskt Näringsliv* ist oder mit einer dem PTK (*Privattjänstemannakartellen*) angeschlossenen Gewerkschaften einen Haustarifvertrag abgeschlossen hat, ist verpflichtet, entsprechende tarifliche Zusatzversicherungen für seine Angestellten bzw. Arbeiter bei dem jeweils hierfür vorgesehenen Versicherer abzuschließen.[5] Nicht organisierte Unternehmen mit Angestellten in Schweden haben die Möglichkeit, eine dem tariflichen

[3] Ehegatten gleichgestellt wird hier such die eingetragene Lebensgemeinschaft nach dem *Lag (1994:1117) om registrerat partnerskap*, zwischen gleichgeschlechtlichen Partnern.

[4] Im sog. *sambolag (2003:376)* werden in § 1 als Lebensgefährten zwei Personen bezeichnet, die dauerhaft im gemeinsamen Haushalt in einer Partnerschaft zusammenleben und keiner der beiden verheiratet ist. Diese Personen können gleichen oder unterschiedlichen Geschlechts sein.

[5] Eine Übersicht über alle gesetzlichen und vertraglichen Sozialversicherungen und die entsprechenden Prämien findet sich in englischer Sprache (*Collective insurance schemes on the Swedish*

Versicherungssystem angeglichene Pensionslösung mit einem anderen Versicherungsunternehmen abzuschließen.

Die tarifliche zusätzliche Rentenversicherung für Angestellte – ITP/ITPK (*Industrins och handelns tilläggspension för tjänstemän/ITP-kompletterande ålderspension*) – wird zentral über das Unternehmen *Collectum*[6] abgeschlossen. Es muss dabei zwischen zwei ITP-Varianten unterschieden werden – ITP 1 und ITP 2.

ITP 1 umfasst alle Angestellten, die 1979 oder später geboren wurden. Unternehmen, die erstmals einen ITP-Vertrag schließen, können auch ältere Angestellte von ITP 1 umfassen. Der Vorteil von ITP 1 gegenüber ITP 2 besteht für den Arbeitgeber darin, dass die Kostenbelastung durch die anfallenden Prämien feststeht und somit besser kalkulierbar ist.

Für ITP 1 sind bis zu einem monatlichen Bruttogehalt von 3822 EUR vom Arbeitgeber Beiträge in Höhe von 4,5 Prozent (plus Beitragsbefreiungsversicherung von 0,083 Prozent und Krankenversicherung von 0,058 Prozent) zu leisten. Für ein monatliches Gehalt, das 3822 EUR überschreitet, sind Beiträge in Höhe von 30 Prozent (plus Beitragsbefreiungsversicherung von 0,57 Prozent und Krankenversicherung von 0,320 Prozent) zu errichten.

ITP 2 hingegen umfasst Angestellte, die 1978 oder früher geboren wurden. Die Kosten für ITP 2 hängen von Gehalt, Alter und Rentenverlauf ab und müssen für jeden Einzelfall berechnet werden. Vorsichtig geschätzt liegen die Versicherungsbeiträge bei etwa 11–13 Prozent des Bruttogehalts des Angestellten.

Der ITP-Plan umfasst eine Altersrente, die darüber hinaus durch die ergänzende Zusatzrente ITPK vervollständigt wird. Die Prämie für ITPK beträgt zwei Prozent des Gehaltes des Angestellten. Die ergänzende Zusatzrente ITPK ist bei ITP 1 nicht verfügbar.

Auf den Anteil dieser Zusatzversicherungen sind vom Arbeitgeber 24,26 Prozent pauschale Lohnsteuer zu zahlen. Diese Pauschalsteuer fällt nur für Arbeitgeber mit einer festen Betriebsstätte in Schweden an.

Deutsche Arbeitgeber in Schweden sind häufig weder Mitglied in der Arbeitgeberorganisation *Svenskt Näringsliv*, noch sind sie an einen Haustarifvertrag mit einer der schwedischen Gewerkschaften gebunden. Sie sind somit in der Regel nicht verpflichtet, die ITP/ITPK-Versicherung für ihre Mitarbeiter abzuschließen. Die ITP/ITPK-Versicherung ist in Schweden allerdings auch bei nichttarifgebundenen Arbeitgebern üblich. Zudem ist für die betriebliche Praxis zu beachten, dass schwedische Arbeitnehmer diese Versicherungen meist voraussetzen und die Versicherungsfrage deshalb bei Bewerbungsgesprächen häufig nicht thematisieren. Aus diesem Grund empfiehlt es sich, die Frage nach einer zusätzlichen Altersvorsorge schon frühzeitig anzusprechen, um Missverständnissen vorzubeugen.

Unternehmen, die nicht tarifvertragsgebunden sind, sind im Übrigen auch nicht an die oben genannten Prozentsätze gebunden. Eine Festlegung der Arbeitgeberleistungen ist in-

labour market) unter: http://www.finfa.se/globalassets/boken/statutory_and_collective_insurance_2015.pdf.

[6] Auf der Webseite von Collectum finden sich weitere Informationen, jedoch nur in schwedischer Sprache: https://www.collectum.se/.

sofern Verhandlungssache zwischen Arbeitnehmer und Arbeitgeber. Demzufolge ist es zum Beispiel möglich, einen festen Prozentsatz vom Bruttolohn oder einen festen Betrag als maximale Grenze für die zusätzliche Altersversorgung festzulegen oder sich an den ITP-Modellen zu orientieren. Für den Arbeitnehmer besteht bei dieser Form der Pensionsversicherung die Möglichkeit, Einfluss auf die Anlageform zu nehmen. Er kann somit aktiv die Entwicklung seiner Pension beeinflussen.

Für Arbeiter hingegen werden bei tariflicher Bindung des Arbeitgebers die entsprechenden tariflichen Zusatzversicherungen über die Versicherungszentrale *Fora* abgeschlossen. Diese bestehen im Wesentlichen aus einer Gruppenkrankenversicherung (*Avtalsgruppsjukförsäkran – AGS*), der Zusatzrentenversicherung (*Avtalspension – SAF-LO*) und der Abfindungsversicherung (*Omställningsförsäkring*). Andere Arbeitgeber können eine solche Versicherung bei einem Versicherungsanbieter abschließen.

Der Beitragsaufwand für die Zusatzrentenversicherung beläuft sich bei einem Jahresbruttolohn des Arbeiters bis zu 45.868 EUR (435.759 SEK) auf 4,5 Prozent der Lohnsumme; für darüber liegende Teile des Lohns liegt der Beitrag bei 30 Prozent der Lohnsumme. Die Abfindungsversicherung liegt bei 0,30 Prozent und die Gruppenkrankenversicherung liegt für 2015 bei 0 Prozent.

Die Gruppenlebensversicherung und Arbeitsunfallversicherung wird für Angestellte und Arbeiter gleichermaßen abgeschlossen.

Die Gruppenlebensversicherung (*Tjänstegrupplivsförsäkring – TGL*) ist tariflich für solche Arbeiter und Angestellte vorgesehen, die das 18. Lebensjahr vollendet haben. Die Kosten hierfür belaufen sich – je nach Versicherer – auf etwa 6 EUR pro Monat und Mitarbeiter. Auch nichttarifgebundene Unternehmen können diese Gruppenversicherung abschließen. Für das Jahr 2015 entstehen dem tarifgebundenen Arbeitgeber für die Gruppenlebensversicherung seiner Arbeiter keine Kosten, für die Versicherung seiner Angestellten im Rahmen des ITP Plans, liegen diese bei ca. 0,20 Prozent der Bruttolohnsumme.

Auch die Arbeitsunfallversicherung (*Trygghetsförsäkring vid arbetsskada – TFA*) ist tariflich für Arbeiter und Angestellte vorgesehen. Die Versicherung wird vom Arbeitgeber bei *Fora AB* abgeschlossen. Die Kosten der Versicherung belaufen sich auf 0,01 % der Lohnsumme. Diese Versicherung können auch nichtorganisierte Unternehmen abschließen. Die Versicherung ist eine sog. „*no-fault*“-Versicherung. Sie übernimmt durch Arbeitsunfälle verursachte Kosten des Arbeitnehmers unabhängig davon, ob Schadenersatzansprüche gegenüber Dritten bestehen oder nicht.

13.4 Arbeitslosengeld

Nur wer Mitglied in einer sog. Arbeitslosenkasse ist, hat ein Anrecht auf Arbeitslosengeld als einkommensbezogene Ersatzleistung. Diese Mitgliedschaft muss mindestens ein Jahr vor dem Eintritt in die Arbeitslosigkeit bestanden haben und während dieses Jahres muss das Mitglied einer Arbeit nachgegangen sein.

Anspruchsberechtigt ist nur der Arbeitssuchende, der in den letzten zwölf Monaten vor dem Eintritt der Arbeitslosigkeit mindestens 80 Stunden pro Monat oder mindestens 480 Stunden in sechs aufeinanderfolgenden Monaten mit mindestens 50 Arbeitsstunden monatlich gearbeitet hat.[7]

Im Fall der Arbeitslosigkeit muss sich der Arbeitnehmer beim Arbeitsamt (*Arbetsförmedlingen*) unverzüglich arbeitslos melden.[8] Der Bezug des Arbeitslosengeldes ist daran geknüpft, dass der Arbeitnehmer bereit ist, eine geeignete Arbeit anzunehmen, mindestens drei Stunden täglich und mindestens 17 Stunden wöchentlich zu arbeiten und zusammen mit dem Arbeitsamt bei der Erstellung eines Handlungsplans mitzuwirken sowie aktiv eine Arbeit zu suchen.[9]

Das Arbeitslosengeld wird entweder als Grundbetrag oder als einkommensbezogene Ersatzleistung ausgezahlt. Letztere wird aufgrund des durchschnittlichen Einkommens der letzten zwölf Monate berechnet und beträgt in den ersten 200 Tagen maximal 80 Prozent dieses Durchschnittseinkommens. Danach beläuft sich das Arbeitslosengeld auf höchstens 70 Prozent dieses Einkommens.[10] Die einkommensbezogene Ersatzleistung beträgt höchstens 71,50 EUR pro Tag. Als Grundbetrag ausgezahlt, beläuft sich das Arbeitslosengeld auf höchstens 33,70 EUR pro Tag. Ab dem 7. September 2015 wird die Deckelung des einkommensbezogenen Arbeitslosengeldes auf 95,80 EUR und der Grundbetrag wird auf 38,40 EUR pro Tag erhöht. Das Arbeitslosengeld wird in Tagessätzen von höchstens fünf Tagen pro Woche (Montag bis Freitag) ausgezahlt.[11] Es ist steuerpflichtig und rentenwirksam.

Das Arbeitslosengeld als einkommensbezogene Ersatzleistung wird für einen Zeitraum von maximal 300 Tagen ausgezahlt. Eltern mit minderjährigen Kindern können höchstens 450 Tage lang Arbeitslosengeld beziehen.[12]

Die ersten sieben Tage der Arbeitslosigkeit sind Karenztage.[13] Während dieser Zeit wird kein Arbeitslosengeld gezahlt. Sofern der Arbeitssuchende seine Stelle ohne Vorliegen eines sachlichen Grundes gekündigt hat, kann sein Arbeitslosengeld weitere 45 Tage und damit weitere neun Wochen gesperrt werden.[14] Sachliche Gründe liegen zum Beispiel vor, wenn der Arbeitgeber den Lohn nicht richtig berechnet hat, der Betrieb oder Arbeitsplatz an einen Ort verlegt wird, zu dem ein tägliches Pendeln oder ein Umzug nicht ohne weiteres möglich ist, wenn der Arbeitnehmer aufgrund der Arbeit krank wird und eine Versetzung nicht möglich ist oder wenn der Arbeitnehmer bei der Arbeit schikaniert wird und trotz Lösungsversuchen keine Änderung der Situation möglich erscheint.

---

[7] Gesetz zur Arbeitslosenversicherung (*lag (1997:238)om arbetslöshetsförsäkring)*, §§ 7 und 12.
[8] Informationen in deutscher Sprache zur Arbeitslosenversicherung unter: http://www.arbetsformedlingen.se/download/18.485c28d13a023c42718d9/ersattning-tyska.pdf.
[9] Gesetz zur Arbeitslosenversicherung (*lag (1997:238)om arbetslöshetsförsäkring*) § 9.
[10] Gesetz zur Arbeitslosenversicherung (*lag (1997:238)om arbetslöshetsförsäkring)*, § 26.
[11] Gesetz zur Arbeitslosenversicherung (*lag (1997:238)om arbetslöshetsförsäkring)*, § 20.
[12] Gesetz zur Arbeitslosenversicherung (*lag (1997:238)om arbetslöshetsförsäkring)*, § 22.
[13] Gesetz zur Arbeitslosenversicherung (*lag (1997:238)om arbetslöshetsförsäkring)*, § 21.
[14] Gesetz zur Arbeitslosenversicherung (*lag (1997:238)om arbetslöshetsförsäkring)*, § 43b.

Das Arbeitslosenamt erkennt hingegen folgende Gründe nicht als sachliche Gründe an: weite Anreise, ausgebliebene Beförderung oder erwünschte Veränderung von Arbeitsaufgaben, Nichtvornahme einer Gehaltserhöhung, Über- oder Unterqualifizierung für die Arbeitsaufgaben sowie Unzufriedenheit mit dem Vorgesetzten. Das Gleiche gilt, wenn der Arbeitnehmer verhaltens- oder personenbedingt gekündigt wurde.

Literatur

Statutory and collective insurance schemes for the Swedish labour market 2015, von Svenskt Näringsliv, unter: http://www.finfa.se/globalassets/boken/statutory_and_collective_insurance_schemes_2015.pdf

Entsendung von Arbeitnehmern nach Schweden 14

Rechtsgrundlage für die Entsendung von Arbeitnehmern nach Schweden ist das Gesetz über die Entsendung von Arbeitnehmern (*lag om utstationering av arbetstagare*[1]). Dieses setzt die Richtlinie des Europäischen Parlaments und des Rates vom 16. Dezember 1996 über die Entsendung von Arbeitnehmern im Rahmen der Erbringung von Dienstleistungen (96/71/EG) in schwedisches Recht um.

Die Richtlinie beschreibt die Rechte des Arbeitnehmers, der von seinem Arbeitgeber für eine begrenzte Zeit zur Ausführung von Arbeiten in ein anderes Land entsandt wird. Dadurch soll unter anderem gewährleistet werden, dass der Arbeitnehmer an dem durch die Gesetze des Gastlandes gewährten sozialen Schutz partizipiert.

Das Gesetz über die Entsendung von Arbeitnehmern gilt für den Fall, dass ein in einem Land außerhalb Schwedens ansässiger Arbeitgeber über die Landesgrenzen hinaus Dienste anbietet und in diesem Zusammenhang Arbeitnehmer nach Schweden entsendet. Für die Anwendbarkeit dieses Gesetzes ist weiterhin Voraussetzung, dass während der Entsendezeit zwischen dem Arbeitgeber und dem entsandten Arbeitnehmer ein Arbeitsverhältnis besteht.

Als Entsendung gelten folgende grenzüberschreitende Maßnahmen:

- ein Arbeitgeber schickt Arbeitnehmer auf eigene Rechnung und unter eigener Leitung aufgrund eines Vertrages nach Schweden, den der Arbeitgeber mit einem in Schweden tätigen Dienstleistungsempfänger geschlossen hat,
- ein Arbeitgeber entsendet Arbeitnehmer nach Schweden an einen Arbeitsplatz oder zu einem Unternehmen, das dem Konzern zugehört,
- ein Arbeitgeber, der Arbeitskräfte verleiht oder Arbeitskräfte zur Verfügung stellt (Zeitarbeitsunternehmen), entsendet Arbeitnehmer zu einem Unternehmen, das in Schweden etabliert oder dort tätig ist,

[1] Entsendegesetz (*lag (1998:678) om utstationering av arbetstagare*).

Deutsch-Schwedische Handelskammer (Hrsg.), *Arbeitsrecht in Schweden*,
DOI 10.1007/978-3-658-10205-0_14

- ein entsandter Arbeitnehmer im Sinne dieses Gesetzes ist ein Arbeitnehmer, der normalerweise in einem anderen Land arbeitet, aber für eine begrenzte Zeit in Schweden einer der oben aufgeführten Tätigkeiten nachgeht.

Unabhängig davon, welches Recht auf das konkrete Arbeitsverhältnis anwendbar ist, muss das deutsche Unternehmen, das Arbeitnehmer nach Schweden entsenden will, verschiedene schwedische arbeits- und sozialrechtliche Mindeststandards beachten.[2] Dabei handelt es sich im Wesentlichen um:

- einzelne Bestimmungen zum Urlaub nach dem Urlaubsgesetz (*semesterlag (1977: 480)*),
- einzelne Regelungen zur Elternzeit gemäß Elternzeitgesetz (*föräldraledighetslag (1995:584)*),
- das Arbeitsumweltgesetz (*arbetsmiljölag (1977:1160)*),
- das Arbeitszeitgesetz (*arbetstidslag (1982:673)*),
- das Gesetz über die Arbeitszeit bei bestimmten Straßentransportarbeiten (*lag om arbetstid vid visst vägtransportarbete (2005:395)*),
- das Gesetz über die Arbeitszeit unter anderem für Flugpersonal in der zivilen Luftfahrt (*lag om arbetstid m.m. för flygpersonal inom civilflyget (2005:426)*),
- das Gesetz über Fahrt- und Ruhezeiten im internationalen Eisenbahnverkehr (*lag om kör- och vilotid vid internationell järnvägstrafik (2008:475)*),
- das Diskriminierungsgesetz (*diskrimineringslag (2008:567)*) sowie das Verbot zur Diskriminierung von Teilzeit- bzw. befristet Angestellten (*lag (2002:293) om förbud mot diskriminering av deltidsarbetande arbetstagare och arbetstagare med tidsbegränsad anställning*). Der Arbeitgeber darf jederzeit für den Arbeitnehmer günstigere Bestimmungen anwenden.

Um sicherzustellen, dass Arbeitgeber die oben genannten Vorschriften einhalten, wurde für Arbeitgeber, die Arbeitnehmer nach Schweden entsenden, eine Registrierungspflicht eingeführt. Nach dem zum 1. Juli 2013 geänderten schwedischen Entsendungsgesetz[3] ist das entsendende ausländische Unternehmen seit dem 1. Juli 2013 beim schwedischen Zentralamt für das Arbeitsumfeld (*Arbetsmiljöverket*) zu registrieren, wenn es seine Mitarbeiter länger als fünf Tage nach Schweden entsendet.

Des Weiteren ist eine Kontaktperson, die sich während des Zeitraums der Entsendung in Schweden aufhält, anzugeben. Dieser Vertreter soll zum einen Zustellungen entgegennehmen und zum anderen Unterlagen bereitstellen, die belegen, dass das schwedische Entsendegesetz eingehalten wird.

Die Anmeldung hat spätestens dann zu erfolgen, wenn ein entsandter Mitarbeiter seine Arbeit in Schweden aufnimmt. Sollte die Tätigkeit in Schweden höchstens fünf Tage an-

[2] Entsendegesetz (*lag (1998:678) om utstationering av arbetstagare*) § 5.

[3] Gesetz über die Änderung des Entsendegesetzes (*lag (2013:351) om ändring i lagen (1999:678) om utstationering av arbetstagare*).

dauern, so ist keine Anmeldung erforderlich. Wird der Arbeitszeitraum verlängert, hat die Anmeldung spätestens am sechsten Tag zu erfolgen. Zu beachten ist, dass die Anmeldepflicht auch für solche Arbeitnehmer gilt, die bereits vor dem 1. Juli 2013 nach Schweden entsandt wurden.

Die Registrierung ist online auf der Webseite des schwedischen Zentralamtes für das Arbeitsumfeld möglich. Die Formulare stehen auch in Deutsch zur Verfügung. Hier müssen die ausländischen Firmen die Kontaktdaten der entsandten Mitarbeiter eintragen und angeben, wie lange sie an welchem Ort mit welchen Aufgaben betraut sind.[4]

Ein deutscher Arbeitgeber, der Mitarbeiter nach Schweden entsendet, die weniger als zwei Jahre in Schweden tätig sein sollen, führt dann keine Sozialabgaben in Schweden ab, wenn die Mitarbeiter eine sog. A1-Bescheinigung mit sich führen. Die A1-Bescheinigung dient dem Nachweis, dass die Sozialversicherung des Mitarbeiters weiterhin in Deutschland besteht. Der Arbeitgeber ist folglich verpflichtet, eventuelle Arbeitgeberabgaben in Deutschland zu bezahlen.

Literatur

Broberg, Anette, *Utlandsarbete och utländska anställda i Sverige,* Näsviken 2006

Ismar, Philip, *Arbeitnehmerentsendung nach Schweden – eine europarechtliche Einschätzung aus deutscher Perspektive, Von der lex Britannia zum Vaxholmkonflikt,* Hamburg 2007

Mauer, Reinhold, *Personaleinsatz im Ausland,* 2. Auflage, München 2013

[4] Unter dem folgenden Link kann die Registrierung vorgenommen werden: http://posting.av.se/Default.aspx?lang=de.

Quellen 15

15.1 Gesetze

- Aktiengesetz (*aktiebolagslagen (2005:551)*)
- Arbeitnehmerüberlassungsgesetz (*lag (2012:854) om uthyrning av arbetstagare*)
- Arbeitsgerichtsgesetz (*lag (1974:371) om rättegång i arbetstvister*)
- Arbeitsumweltgesetz (*arbetsmiljölagen (1977:1160) – AML*)
- Arbeitszeitgesetz (*arbetstidslagen (1982:673)*)
- Besteuerungsgesetz (*skatteförfarandelag (2011:1244)*)
- Betriebliches Mitbestimmungsgesetz (*lag (1976:580) om medbestämmande i arbetslivet – MBL*)
- Datenschutzgesetz (*personuppgiftslagen (1998:204) – PUL*)
- Diskriminierungsgesetz (*diskrimineringslagen (208:567)*)
- Eisenbahnverkehrsgesetz (*järnvägstrafiklagen (1985:192)*)
- Elterngesetzbuch (*föräldrabalk (1949:381)*)
- Elternzeitgesetz (*föräldrarledighetslagen (1995:584)*)
- Gesetz über Arbeitnehmererfindungen (*lag (1949:345) om rätten till arbetstagares uppfinningar*)
- Gesetz über bestimmte anstellungsbegünstigende Maßnahmen (*lag (1974:13) om vissa anställningsfrämjande åtgärder*)
- Gesetz über das Recht des Arbeitnehmers auf Freistellung für Ausbildung (*lag (1974:981) om arbetstagares rätt till ledighet för utbildning/studieledighetslag*)
- Gesetz über das Recht zur Aufrechnung des Arbeitgebers (*lag (1970:215) om arbetsgivarens kvittningsrätt*)
- Gesetz über den gewerkschaftlichen Vertrauensvertreter am Arbeitsplatz (*lag (1974:358) om facklig förtroendemans ställning på arbetsplatsen*)
- Gesetz über die allgemeine Versicherung (*lag (1962:381) om allmän försäkring*)
- Gesetz um die genetische Integrität (*lagen om genetisk integritet (2006:351)*)

Deutsch-Schwedische Handelskammer (Hrsg.), *Arbeitsrecht in Schweden*,
DOI 10.1007/978-3-658-10205-0_15

- Gesetz über die Mitarbeitervertretung im Verwaltungsrat (*lag (1987:1245) om styrelserepresentation för de privatanställda – LSA*)
- Gesetz über einen europäischen Betriebsrat (*lag (2011:427) om europeiska företagsråd*)
- Gesetz über Krankengeld (*lag (1991:1047) om sjuklön*)
- Gesetz zum Schutz von Betriebsgeheimnissen (*lag (1990:409) om skydd för företagshemligheter*)
- Gesetz zur Arbeitslosenversicherung (*lag (1997:238) om arbetslöshetsförsäkring*)
- Kündigungsschutzgesetz (*lag (1982:80) om anställningsskydd – LAS*)
- Schadensersatzgesetz (*skadeståndslag (1982:207)*)
- Stromgesetz (*ellagen (1997:857)*)
- Unfallschadensgesetz (*trafikskadelagen (1975:1410)*)
- Urlaubsgesetz (*semesterlag (1977:480)*)
- Verjährungsgesetz (*preskriptionslag (1981:130)*)

15.2 Behörden und Ämter

- Rentenversicherungsamt (*Pensionsmyndigheten*) www.pensionsmyndigheten.se, Informationen in deutscher Sprache: https://secure.pensionsmyndigheten.se/ValkommenTillPensionsmyndigheten_de.html
- Schwedisches Amt für Wettbewerbsfragen (*Konkurrensverket*), www.konkurrensverket.se, Informationen in englischer Sprache: http://www.konkurrensverket.se/en
- Schwedisches Firmenregistrierungsamt (*Bolagsverket*), www.bolagsverket.se, Informationen in deutscher Sprache: http://www.bolagsverket.se/ol/other/tyska-1.3889
- Schwedisches Migrationsamt (*Migrationsverket*), www.migrationsverket.se, Informationen in englischer Sprache: http://www.migrationsverket.se/English/Private-individuals.html
- Schwedisches Zentralamt für Arbeitgeberfragen im staatlichen Bereich (*Arbetsgivarverket*), www.arbetsgivarverket.se, Informationen in englischer Sprache: http://www.arbetsgivarverket.se/in-english/
- Schwedisches Zentralamt für Arbeitsumwelt (*Arbetsmiljöverket – AV*), www.av.se, Informationen in deutscher Sprache: http://av.se/languages/deutsch/
- Schwedisches Zentralamt für Finanzwesen (*Skatteverket*), www.skatteverket.se, Informationen in deutscher Sprache: http://www.skatteverket.se/servicelankar/otherlanguages/aufdeutsch.4.3a2a542410ab40a421c80006861.html
- Schwedisches Sozialversicherungsamt (*Försäkringskassan*), www.forsakringskassan.se, Informationen in deutscher Sprache: http://www.forsakringskassan.se/sprak/deutsch
- Statistisches Zentralamt (*Statistiska Centralbyrån – SCB*), www.scb.se, Informationen in englischer Sprache: http://www.scb.se/en_/

15.3 Ansprechpartner

- Deutsche Botschaft Stockholm (*Tyska Ambassaden Stockholm*), www.stockholm.diplo.de
- GTAI (*German Trade & Invest*), www.gtai.de
- Deutsch-Schwedische Handelskammer (*Tysk-Svenska Handelskammaren*), www.handelskammer.se
- Arbeitgeberverband der schwedischen Dienstleistungsunternehmen (*Almega*), www.almega.se, Informationen in englischer Sprache: https://www.almega.se/om-almega/in-english
- Allianz schwedischer Arbeitgeber (*Arbetsgivaralliansen*), www.arbetsgivaralliansen.se
- Arbeitgeberverband des schwedischen Handels, www.svenskhandel, Informationen in englischer Sprache: http://www.svenskhandel.se/In-English/
- Dachverband schwedischer Unternehmen (*Svenskt Näringsliv – SN*), www.svensktnaringsliv.se,
  Informationen in englischer Sprache: http://www.svensktnaringsliv.se/english/
- Arbeitgeberverband (*Teknikföretagen*), www.teknikforetagen.se, Informationen in englischer Sprache: http://www.teknikforetagen.se/home/
- Zentralorganisation der Angestellten (*Tjänstemännens Centralorganisation*), www.tco.se, (Zentralorganisation für 15 verschiedene Gewerkschaften), Informationen in englischer Sprache: http://www.tco.se/Om-TCO/Detta-ar-TCO/This-is-TCO/ Größtes Mitglied: *UNIONEN*, www.unionen.se, Informationen in englischer Sprache: http://www.unionen.se/in-english
- Zentralorganisation der Arbeitergewerkschaften (*Landsorganisation i Sverige – LO*), www.lo.se, Informationen in englischer Sprache: http://www.lo.se/english/startpage, Mitglieder sind zum Beispiel: Baugewerkschaft (*Byggnadsarbetareförbundet),* Elektrikergewerkschaft (*Elektrikerförbundet),* Metallgewerkschaft (*Industrifacket Metall*)

15.4 Internetadressen

- Aktuelle Liste der visapflichtigen Länder (in englischer Sprache) unter http://www.government.se/sb/d/11660/a/240938 (S. 25)
- Folgende schwedischen Gesetze sind auf der Website der schwedischen Regierung http://www.government.se/sb/d/3288/a/19565 in einer Übersetzung in die englische Sprache zu finden:
  - Arbeitnehmerüberlassungsgesetz: *lag (2012:854) om uthyrning av arbetstagare*
  - Gesetz über das Diskriminierungsverbot von Teilzeit- und befristet Angestellten: *lag (2002:293) om förbud mot diskriminering av deltidsarbetande arbetstagare och arbetstagare med tidsbegränsad anställning*
  - Entsendegesetz: *lag (1999:678) om utstationering av arbetstagare*

- Gesetz über die Arbeitslosenversicherung: *lag (1997:238) om arbetslöshetsförsäkring*
- Elternzeitgesetz: *föräldraledighetslag (1995:584)*
- Arbeitszeitgesetz: *arbetstidslag (1982:673)*
- Kündigungsschutzgesetz: *lag (1982:80) om anställningsskydd*
- Arbeitsumweltgesetz: *arbetsmiljölag(1977:1160)*
- Urlaubsgesetz: (1977:480) *Semesterlag*
- Betriebliches Mitbestimmungsgesetz: *lag (1976:580) om medbestämmande i arbetslivet*
- Gesetz über die Stellung der gewerkschaftlichen Vertrauensleute am Arbeitsplatz: *lag (1974:358) om facklig förtroendemans ställning på arbetsplatsen*

Kolibri 360 GmbH
Ferdinand-Jühlke-Straße 7
99095 Erfurt, Deutschland
produktsicherheit@kolibri360.de